基于移动新媒体技术的直播营销创新发展研究

马艳伟　著

图书在版编目（CIP）数据

基于移动新媒体技术的直播营销创新发展研究 / 马艳伟著. -- 湘潭 : 湘潭大学出版社, 2023.6
ISBN 978-7-5687-1158-6

Ⅰ. ①基… Ⅱ. ①马… Ⅲ. ①网络营销—研究 Ⅳ. ①F713.365.2

中国国家版本馆 CIP 数据核字（2023）第 127390 号

基于移动新媒体技术的直播营销创新发展研究

JIYU YIDONG XINMEITI JISHU DE ZHIBO YINGXIAO CHUANGXIN FAZHAN YANJIU

马艳伟 著

责任编辑：丁立松
封面设计：清 清
出版发行：湘潭大学出版社
社　　址：湖南省湘潭大学工程训练大楼
电　　话：0731-58298960 0731-58298966（传真）
邮　　编：411105
网　　址：http://press.xtu.edu.cn/
印　　刷：长沙创峰印务有限公司
经　　销：湖南省新华书店
开　　本：710 mm×1000 mm 1/16
印　　张：13.75
字　　数：220 千字
版　　次：2023 年 6 月第 1 版
印　　次：2023 年 6 月第 1 次印刷
书　　号：ISBN 978-7-5687-1158-6
定　　价：58.00 元

序

移动互联网的发展以及自媒体的兴起，在全球范围内掀起了移动直播的浪潮。2012 年，国内有一定规模的直播平台还不到 30 家，但是到 2016 年我国直播平台已经超过 200 家，总用户人数超过了 4 亿。大量直播平台迅速涌入市场，让直播成为互联网时代全新的流量来源。艾媒咨询（iiMedia Research）数据显示，2020 年中国在线直播用户规模为 5.87 亿人，预计未来继续保持稳定增长，2022 年达到 6.60 亿人[①]。因此，直播引导的流量市场，必定会引爆一次全新的营销革命。

直播是一个极具市场潜力的行业。不仅百度、腾讯、新浪等互联网流量巨头争相加入直播行业，淘宝、京东、聚美等电商界的大佬也纷纷杀入直播市场。这些具有先见之明的大型企业，立足于互联网的发展背景，把直播变为企业的“传播”工具，优先占领了直播引导的流量市场，为开辟未来互联网营销市场做足了准备。因此，抢占直播营销的风口，将会成为多数企业未来营销的重要方针。

在人人可以参与直播的“全民直播时代”，不少企业和新媒体从业者面对网络直播却感到束手无策，其问题主要集中在以下三方面。

第一，明明知道直播是一种很好的营销方式，也听说同行通过直播

① https://www.iimedia.cn/c1020/78756.html

使产品销量翻倍或品牌提升，但是大脑中没有任何关于直播的概念，不知道如何把直播和产品卖点相结合，不了解要吸引哪些观众观看直播，对于“借助直播实现企业营销目标”更是没有任何思路。

第二，传统的线下活动执行方法以及微博、微信活动的运营方法，无法生搬硬套到直播营销中。对于直播前期的宣传与引流、直播当天的开场与互动、直播结束的发酵与传播等环节没有概念，不会具体的直播操盘方法。

第三，在直播的具体执行过程中，对于直播平台及直播方式的选择、直播现场布置、直播软文撰写、直播现场台词等细节没有清晰的概念，导致好的直播理念无法落地。

对于企业和新媒体从业者，学习直播营销时建议由浅入深：第一步，了解直播营销的概念与策划思路；第二步，掌握具体方法和执行细节；第三步，根据典型案例将前期所学知识点落地，实现“从理论到实践”“由知识到应用”的能力跃迁。

在本书撰写过程中，作者查阅了大量的资料，一些比较有争议的问题请教了相关的专家，并得到了相关的帮助。但是，由于本人能力有限，本书可能还存在很多不足之处，还望读者指教。最后，作者对给予本书写作帮助的朋友致以最诚挚的感谢。

作者

2022 年 10 月

目 录

直播营销概述

“直播”一词由来已久，在传统媒体平台就已经有基于电视或广播的现场直播形式，如晚会直播、访谈直播、体育比赛直播、新闻直播等。词典对直播的定义为：“与广播电视节目的后期合成、播出同时进行的播出方式。”

第一节　直播营销的概念及网络直播发展历史

一、直播营销的概念

随着互联网的发展，尤其是智能手机的普及和移动互联网速度的提升，直播概念有了新的延展，越来越多基于互联网的直播形式开始出现。

所谓“网络直播”或“互联网直播”，指的是用户在手机上安装直播软件后，利用手机摄像头对发布会、采访、旅行等进行实时呈现，其他网民在相应的直播平台可以直接观看与互动。

广义的直播营销，指的是企业以直播平台为载体进行营销活动，达到品牌提升或销量增长的目的。2016 年起，互联网直播进入爆发期，直播平台超过 300 家，用户超 2 亿人。根据 CNNIC 发布的第 48 次《中国互联网络发展状况统计报告》显示，到 2021 年 6 月，中国网络直播用户规模达到 6. 38 亿人，在全体网民中渗透率达到 63. 1%。截止 2022 年底，我国网络直播用户规模达 10. 4 亿，网民使用率为 97. 4%，网络视听用户数量是十年前的近 3 倍，网络视听产业规模是十年前的 20 多倍，网络视听成为第一大互联网应用。现阶段谈到的“直播营销”“移动直播营销”等，多数情况下默认是基于互联网的直播。

与传统媒体平台（电视、广播）的直播营销相比，互联网直播营销有以下两个显著的优势。

第一，参与门槛大大降低。网络直播不再受制于固定的电视台或广播电台，无论企业是否接受过专业的训练，都可以在网上创建账号，开始直播。

第二，直播内容多样化。除传统媒体平台的晚会、访谈等直播形式外，利用互联网可以进行户外旅行直播、网络游戏直播、发布会直播等。

基于互联网的直播营销，通常包括场景、人物、产品、创意四大要素。第一是场景，企业需要用直播搭建销售场景，让观众仿佛置身其中；第二是人物，主播或嘉宾是直播的主角，他的定位需要与目标受众相匹配，并友好地引导观众互动、转发或购买；第三是产品，企业产品需要巧妙地植入主持人名词、道具、互动等之中，从而达到将企业营销软性植入直播之中的目的；第四是创意，网民对于常规的“歌舞晚会”“朗诵直播”等已经审美疲劳，新鲜的户外直播、互动提问、明星访谈等，都可以为直播营销加分。

二、网络直播的发展历史

网络速度和硬件水平是影响互联网直播发展的主要因素。受这两个因素制约，互联网直播行业的发展历史分为四大阶段，包括图文直播、秀场直播、游戏直播及移动直播等，如图 1-1 所示。

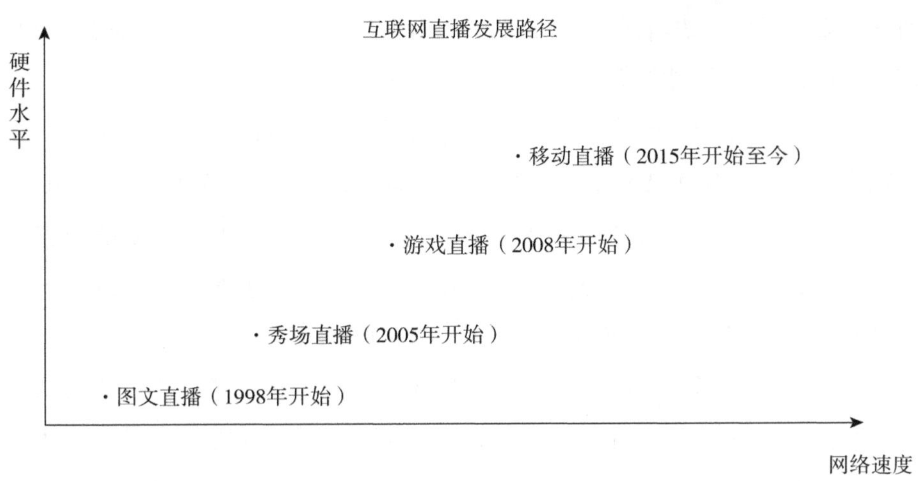

互联网直播发展路径

硬件水平

· 移动直播（2015年开始至今）

· 游戏直播（2008年开始）

· 秀场直播（2005年开始）

· 图文直播（1998年开始）

网络速度

图 1-1　互联网直播发展历史图

（一）图文直播

拨号上网与宽带上网刚兴起的时候，网速普遍较慢，网民上网以聊天、看新闻、班论坛为主。因此，这一时期的直播形式仅专持文字或图片。网民通过论坛追贴、即时聊天工具分享等形式，了解事件的最新进展。

由于文字直播、图片直播需要受众喜欢阅读，爱看文字，因此受众面偏窄。

（二）秀场直播

随着网速的提升，视频直播开始出现。但受制于计算机运行速度及内存容量限制，网民无法同时打开多款软件进行“一边玩游戏一边直播”或“一边看体育比赛一边做解说”等操作，仅支持利用网页或客户端观看秀场直播。

秀场是公众展示自己能力的互联网空间，从 2005 年开始在国内兴起。2005 年“9158”网站成立，其业务模式与韩国“十人房”相似，以文化娱乐为主。“9158”平台上汇集了大量草根明星和平民偶像，逐步发展成“网络红人”、歌手、草根明星的发源地之一。

（三）游戏直播

随着计算机硬件的发展，网民可以打开计算机进行多线操作，“一边听 YY 语音直播一边玩游戏”的形式开始出现，游戏直播开始兴起。与此同时，国内外一系列游戏直播平台开始出现。

2008 年，主打语音直播的 YY 语音面世，并受到游戏玩家的推崇。在早期网游领域，使用 YY 语音进行游戏沟通成为游戏爱好者的默认共识。

2011 年，美国 Twitch. TV 从 Justin. TV 分离，独立成为首家游戏直播平台，主打游戏直播及互动。随后 2013 年 YY 游戏直播上线，2014 年斗鱼直播上线，国内 PC 端游戏直播平台初具规模。

2020 年中国游戏直播市场规模达到 343 亿元，在虎牙、斗鱼等头部平台增长的带动下，市场仍保持着一定的增速。此外，随着哔哩哔哩、快手等视频平台游戏直播业务的快速发展，市场规模不仅包含游戏直播平台收入，还包含其他视频平台的游戏直播内容带来的收入，多样化平台游戏直播业务的快速发展，将给市场带来新的活力。

根据 2022 年的数据可视化显示，游戏主播和观看用户已达到了 3. 82 亿人，直接拉动超 1 100 亿的市场消费规模，这为游戏直播行业的发展提供了巨大的市场潜力。随着游戏直播相关活动人数的爆发，游戏直播市场规模也迎来了大发展，在 2022 年达到 1 108 亿元的规模，规模仍在增长中。

（四）移动直播

随着智能手机硬件不断升级，移动互联网逐步提速降费，网民进入全民移动直播时代，与之对应的是大批移动直播网站的火爆。

2015 年，国内映客、熊猫、花椒等纷纷布局移动直播市场，相关直播创业公司也顺势成立，市场上最多曾有 300 余个直播平台。

2016 年，网络直播市场迎来了真正的爆发期，手机视频直播成为继视频、秀场后的新兴市场，备受各大直播平台的青睐。移动直播市场发展迅速，直播内容覆盖生活的方方面面，包括聊天、购物、游戏、旅游等。

2017 年，经过一年多的行业洗牌，市场中知名度较高的直播平台仅剩数十家，其中具有代表性的平台有花椒直播、映客直播、一直播等。

花椒直播平台利用“明星+主播”的形式，请明星助阵、对明星专访、让明星做主播，通过“颜丹晨生日会直播”“海豚音公主张靓颖的专访直播”“靖王王凯选妃直播”“三小只后台专属卖萌直播”“甄子丹电影发布会独家专访直播”“宋仲基空降花椒”等活动，迅速占领了移动直播的一部分市场。

映客直播平台与音乐人、综艺节目、明星合作，“奇葩说天团”在映客开展首场直播秀后，高圆圆、汪涵、徐峥等明星纷纷入驻，一时间将“你丑你先睡，我美我直播”的映客直播口号刷遍朋友圈。

一直播作为微博的直播战略合作伙伴，其运营形式与微博的“明星带动用户”策略相似。自贾乃亮任“一直播首席创意官”开启明星直播节目后，有 300 多位明星纷纷开通一直播与网友互动，明星直播直接带动了一直播的平台用户增长。

2020 年至今，5G 与直播技术融合降低了直播成本，提升了直播画面质感，并且推动直播与更多的业态相结合，“直播+”获得了飞跃式发展。自快手和抖音 2019 年下半年，大力发展直播业务以后，直播与短视频互相渗透，二者相互渗透对泛娱乐直播平台造成的冲击较大。短视频和直播内容的融合一定程度上形成了互补效应。

第二节 直播营销的法律风险与防范

由于直播直接将现场情况呈现在受众面前，没有剪辑与后期加工，因此企业在进行直播营销策划之前，必须先做好风险防范。否则一旦出现失误，不但无法达到企业的营销目的，反而会伤害企业的品牌形象。

在直播策划前，必须对以下几方面逐一排查，防止造成不必要的麻烦。

一、环节设置

策划一场线下活动，主办方必须对活动各环节进行模拟与彩排，防止由于环节设置不公平而发生异议，同时避免在现场观众热情最高的颁奖、领奖环节发生拥挤与踩踏等事件。

同样，策划网络直播活动，也必须对环节设置进行反复推演，尤其是涉及“转发抽奖”“扫码领取红包”等环节时，应采取措施防止被恶意领走抽奖或红包而导致大量观众无法获得，从而引发大量有争议的弹幕。

二、软硬件测试

为了达到最佳的网络直播效果，新媒体团队需要在直播前对所有相关软硬件进行反复排查与测试。一方面，需要熟悉直播软件的使用及各环节软硬件的配合，防止误操作；另一方面，需要对网站、服务器进行反复测试，防止由于大批观众涌入而造成服务器瘫痪。

三、主持词审核

现阶段直播平台用户规模不断变大，已成为社交、娱乐等场景的重要入口，因此相关部门也开始重点管理。

2007 年 12 月，国家广电总局公布《互联网视听节目服务管理规定》；2010 年 3 月，同样由国家广电总局发布《互联网视听节目服务业务分类目录（试行）》；2016 年 6 月，网信办发布《移动互联网应用程序信息服务管理规定》；2016 年 4 月 13 日，百度、新浪、搜狐等 20 余家直播平台共同发布《北京网络直播行业自律公约》，承诺网络直播房间必须标识水印，内容存储时间不少于 15 天备查，所有主播必须实名认证，对于播出涉政、涉枪、涉毒、涉暴、涉黄内容的主播情节严重的将列入黑名单，审核人员对平台上的直播内容进行 24 小时实时监管。

因此，企业必须对主持人或主播的主持词进行严格审核，防止由于

“信口开河”而违反相关规定。尤其是主持词中涉及政治、赌博、暴力、色情等内容的词语，必须予以删除或替换。错误的主持词不但会影响企业口碑，更有可能直接触犯法律。

四、弹幕监控

弹幕是指观看直播的人发送的简短评论，可以滚动、停留甚至更多动作特效方式出现在屏幕上。

主持人或主播的发言可以提前审核，但直播现场的网友弹幕无法在直播前进行预估，只能依靠现场管理。直播平台通常可以设置“房管”，直播间主播发言的同时，房管可以监督网友弹幕，对于利用弹幕发布内容低俗、过度娱乐化、宣扬拜金主义和崇尚奢华等内容的，直接关闭其发言的权利。对于情节严重的可以将其发言截图保存，移交公安机关处理。

五、侵权检查

企业直播营销通常需要物料作支持，包括背景板、贴图、玩偶、吉祥物等。此类物料在直播前必须仔细检查，防止涉及版权保护的物料，引发官司。

2017 年 5 月，国务院发布了《2017 年全国打击侵犯知识产权和制售假冒伪劣商品工作要点》并提到，要加大互联网领域侵权假冒治理力度，要加大打击侵犯知识产权工作力度，加强商标行政执法，加大版权保护工作力度。因此，直播涉及的所有物料，都必须做到不侵权、不违法。

六、平台资质

2016 年 9 月，国家新闻出版广电总局下发《关于加强网络视听节目直播服务管理有关问题的通知》（下文简称《通知》），要求网络视听节目直播机构依法开展直播服务。《通知》指出，根据《互联网视听节目服务管理规定》《广电总局关于发布〈互联网视听节目服务业务分类目录（试行）〉的通告》，开展网络视听节目直播服务应具有相应资质：

一是通过互联网对重大政治、军事、经济、社会、文化、体育等活动、事件的实况进行视音频直播，应持有新闻出版广电行政部门颁发的《信息网络传播视听节目许可证》且许可项目为第一类互联网视听节目服务第五项；

二是通过互联网对一般社会团体文化活动、体育赛事等组织活动的实况进行视音频直播，应持有《许可证》且许可项目为第二类互联网视听节目服务第七项。

不符合上述条件的机构及个人，包括开设互联网直播间以个人网络演艺形式开展直播业务但不持有《许可证》的机构，均不得通过互联网开展上述所列活动、事件的视音频直播服务，也不得利用网络直播平台（直播间）开办新闻、综艺、体育、访谈、评论等各类视听节目，不得开办视听节目直播频道。未经批准，任何机构和个人不得在互联网上使用“电视台”“广播电台”“电台”“TV”等广播电视专有名称开展业务。

因此，企业在直播营销开始前，必须检查平台资质，否则无论企业直播营销的策划多优质，都会由于直播平台本身的违法而导致下架，甚至引发官司。

第三节　直播营销的整体思路

一、“五步法”设计直播营销

一场直播活动，看起来只是几个人对着镜头说说话而已，但背后都有着明确的营销设计——要么通过直播营销提升企业品牌形象，要么利用直播营销促进产品销量。

将企业营销目的巧妙地设置在直播各个环节，这就是直播营销的整体设计。直播营销的整体设计主要包括五大环节（见图 1-2），新媒体团队需要对每个环节进行策划，一个环节一个步骤，用“五步法”设计直播营销。确保其完整性和有效性。

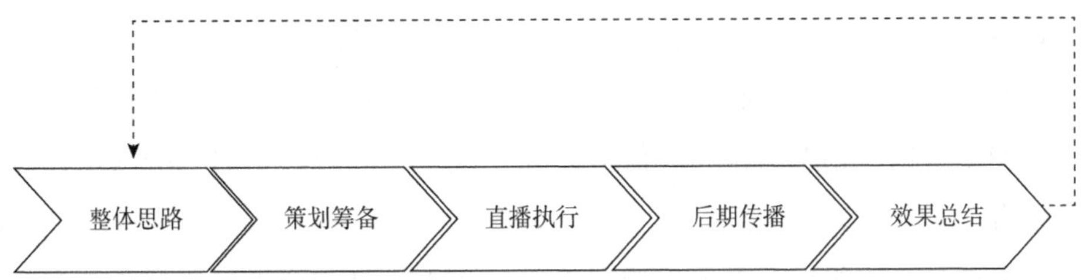

图 1-2 五步法

（一）整体思路

直播营销的第一大环节是整体思路。在做营销方案之前，企业新媒体团队必须先把整体思路理清，然后有目的、有针对性地策划与执行。刚接触直播营销的新手容易进入一个误区，认为“直播营销只不过是一场小活动而已，做好方案然后认真执行就够了”。实际上，如果没有整体思路的指导，直播营销很有可能只是好看、好玩而已，并没有达到企业的营销目的①。

直播营销的整体思路设计，需要包括三部分，即目的分析、方式选择和策略组合，如图 1-3 所示。

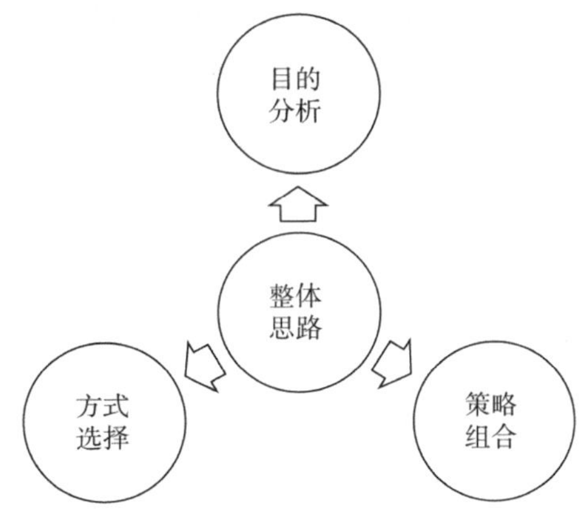

图 1-3 整体思路设计

① 梁欣萌．直播营销的价值思考［J］．国际公关，2016（5）：60–65.

首先是目的分析。对企业而言，直播只是一种营销手段，因此企业直播营销不能只是简单的线上才艺表演或互联网游戏分享，而是需要综合产品特色、目标用户、营销目标，提炼出直播营销的目的。

其次是方式选择。在确定直播目的后，企业新媒体团队需要在颜值营销、明星营销、稀有营销、利他营销等方式中，选择其中的一种或多种进行组合。

最后是策略组合。方式选择完成后，企业需要对场景、产品、创意等模块进行组合，设计出最优的直播策略。

（二）策划筹备

直播营销的第二大环节是策划筹备。好的直播营销需要“兵马未动，粮草先行”。首先，将直播营销方案撰写完善；其次，在直播开始前将直播过程中用到的软硬件测试好，并尽可能降低失误率，防止因为筹备疏忽而引起不良的直播效果。

为了确保直播当天的人气，新媒体运营团队还需要提前进行预热宣传，鼓励粉丝提前进入直播间，静候直播开场。

（三）直播执行

直播营销的第三大环节是直播执行。前期筹备是为了现场执行更流畅，因为从观众的角度，只能看到直播现场，无法感知前期的筹备。

为了达到已经设定好的直播营销目的，主持人及现场工作人员需要尽可能按照直播营销方案，将直橙开场、直播互动、直播收尾等环节顺畅地推进，并确保直播的顺利完成。

（四）后期传播

直播营销的第四大环节是后期传播。直播结束并不意味着营销结束，新媒体运营团队需要将直播涉及的图片、文字、视频等，继续通过互联网传播，让其抵达未观看现场直播的粉丝，让直播效果最大化。

（五）效果总结

直播营销的第五大环节是效果总结。直播后期传播完成后，新媒体团队需要进行复盘，一方面进行直播数据统计并与直播前的营销目的作比较，判断直播效果；另一方面组织团队讨论，提炼出本场直播的经验与教训，做好团队经验备份。

每一次直播营销结束后的总结与复盘，都可以作为新媒体团队的整体经验，为下一次直播营销提供优化依据或策划参考。

需要强调的是，直播营销的第四大环节“后期传播”与第五大环节“效果总结”虽然都是在现场直播结束后进行的，但是作为直播的组织者，必须在直播开始前就做好两方面的准备。

第一，提前设计数据收集路径。如淘宝店流量来源设置、网站分销链接生成、微信公众号后台问卷设置等。

第二，提前安排统计人员。不少直播网站后台的数据分析功能不够细化。因此，一部分数据（如不同时间段的人气情况、不同环节下的互动情况等）需要人工统计，便于后续分析。

二、直播营销目的分析技巧

任何一场直播营销都必须围绕营销目的展开，可以通过产品分析、用户分析、营销目标三个层面提炼，如图 1-4 所示。

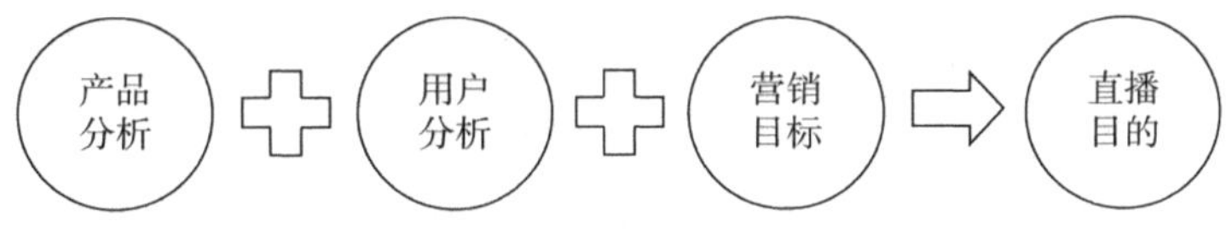

图 1-4　直播营销分析图

首先，通过产品分析梳理出产品的优势与劣势，想方设法在优势上做文章，并尽量避免在直播平台暴露产品劣势。

其次，借助用户分析挖掘出用户的需求，在直播策划时，围绕直播需求设计互动环节及主持人的台词。

再次，在企业自身年度或月度目标中找到与直播最契合的关键点。企业的营销目标通常包括整体战略、阶段性目标、市场目标、销售目标等，而新媒体团队无法只通过一场直播就完成所有营销目标，因此需要在直播营销策划前，找到企业营销目标的某个点，利用直播营销进行单点突破。

完成以上产品、用户、目标三方面的梳理后，新媒体团队需要紧密围绕这三方面要素，将直播目的用简要的语言概括出来，如将 A 产品的 B 优势通过直播传达到 C 用户，最终实现直播销售 D 万元。

（一）直播产品分析

直播活动的产品通常分为两大类，第一类是实物产品，如护肤品、手机、衣服等；第二类是虚拟产品，如软件、音乐、游戏等。对参与直播的产品进行分析，有助于理解产品价值并提炼产品优势，进而加深屏幕前观众对产品的认识。

直播产品可以从“产品形态与成分”“产品功能与效果”两个维度进行分析。

产品形态与成分包括产品形状、产品尺寸、主要结构、构成成分等。例如，某款手机可能的优势包括“超大屏”“多种外壳颜色”“陶瓷外壳”等；再如某款护肤品，可能的优势包括“纯天然”“植物提炼”“小体积便于携带”等。

产品功能与效果包括产品口味、容量、操作性能等。同样以手机和护肤品为例，某款手机可能的优势包括“充电五分钟通话两小时（电容量大）”“人性化的操作系统”“一键拍照”“自动美颜”等；再如某款护肤品，可能的优势包括“美白”“细腻”“抗衰老”等。

需要强调的是，在进行产品分析并提炼产品优势时，必须结合“直播”这一环境，不能脱离直播去进行常规产品分析，即：在直播平台，这款产品有哪些优势？毕竟由于场景不同，同样的产品特点，在线下的优势可能会成为直播平台的劣势。

新媒体团队在进行产品分析后，需要提炼出产品关键词、产品亮点、产品性格，在直播策划时将产品信息巧妙植入直播环节，便于向直播观众传达。

首先是产品关键词，产品关键词通常会出现在主播口播中或直播道具上，因此需要用 3~5 个简练的词组概括产品，如“新款”“卫衣”“红色”

等；其次是产品亮点，产品亮点通常会出现在嘉宾试用分享、直播预热活动、直播后期发酵中，因此需要将产品在直播场景下的优势进行提炼；再次是产品性格，产品性格需要与主持人或嘉宾的人物设定一致，如主打“呵护”的女性护肤品可以邀请暖男明星，主打“健康”的婴儿用品可以邀请奥运冠军辣妈等。

（二）直播用户分析

企业直播营销需要对用户进行分析，主要有两方面原因：一方面，直播平台的可选择性强，不吸引用户注意力的直播会直接造成用户关闭窗口，选择观看其他直播；另一方面，为了达到营销目的，新媒体团队必须想方设法让用户按照主持人的引导去下单或分享，而巧妙地引导来自对用户的分析与判断。用户分析主要由两部分组成，包括属性特征分析及行为特征分析。

1. 用户属性特征分析

用户属性特征是用户分析的基础，而用户属性特征又包括固定属性及可变属性。

固定属性特征，即伴随用户一生的固定标签，如“男性”“出生于北京”“汉族”等。可变属性特征，即短时间内用户保有的特定标签，“未婚”“月收入 5 000 元人民币左右”“本科学历”等。

2. 用户行为特征分析

策划一场好的直播营销，需要分析用户的行为特征，然后反向模拟用户行为路径，并在用户的每一步行为过程中设计营销卖点。此处的用户行为特征分析，特指直播场最下用户的行为特征。新媒体运营团队需要列出用户参与过程中可能会涉及的一系列动作，因为每一个动作都会影响最终的营销效果。

用户在互联网活跃的位置会直接决定直播前期广告投放位置，新媒体团队必须将有限的资源投放在用户出没较多的网站；用户的社会角色会直接决定直播稿的风格，对于“60 后”“70 后”“80 后”“90 后”及“00 后”，通常会有不同的用词习惯及语言风格。

有效地分析用户并有针对性地设计直播，有助于在直播过程中采取更好的沟通策略，从而达到期望的效果。

（三）企业营销目标

直播营销目的必须结合企业新媒体营销的整体目标，而企业的新媒体整体营销又必须依托于企业的市场营销总目标。因此，在进行直播营销目的分析时，必须结合企业自身的营销目标。

在同一个直播平台，不同的企业通常会有不同的营销目标；同一家企业，在不同阶段也会有不同的营销目标。因此，与直播营销对应的企业营销目标并非一成不变。新媒体团队在每次直播活动的策划前都需要专门进行目的分析，尤其是结合企业自身的营销目标，否则一切设置只是在“闭门造车”，无法给企业带来实际效益。

结合 SMART 原则，在梳理企业自身的营销目标时要尽可能科学化、规范化、明确化，如图 1-5 所示。

“SMART 原则”不仅是为了帮助新媒体团队成员更加明确高效地工作，更是为了使企业新媒体负责人对团队成员的工作有更清晰的认识，并对其工作结果的评判更公平公正。

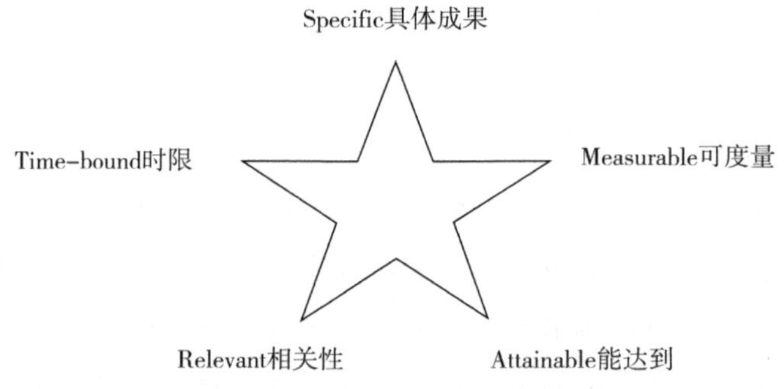

图 1-5　SMART 原则

首先是具体，指目标切中特定的营销指标，如“用直播营销提升口碑”就不是具体目标，而“借助直播营销提升企业大众点评星级、京东店评价及百度知道好评”则是具体的。

其次是可度量，指目标是数量化或者行为化的，如“利用直播实现销售额猛增”就不是可度量目标，而“利用直播平台实现 100 万元销售额”则是可度量的。

再次是可实现，指目标在付出努力的情况下可以实现，避免设立过高或过低的目标，如上一次直播有 3 万人参加直播，这次将目标设定为“100 万人参加”就是不可实现的，而“5 万人参加”或“7 万人参加”等提升 2~3 倍的目标是可实现的。

接着是相关性，指目标是与新媒体工作的其他目标是相关联的，如新媒体部门本身就有网站运营、网店推广、微信公众号运营等职能，直播目标设置为“网站流量 24 小时内提升 80%”是有相关性的，而“产品生产合格率由 85%提升至 90%”是没有相关性的，直播无法帮助生产部门提升合格率。

最后是有时限，注重完成目标的特定期限。直播结束后，传播与发酵的时间通常不超过一周，其中 80%左右的销量来自直播当天。因此“借助直播实现新品销售 5 万件”是没有时限的，而“直播结束 48 小时内新品销售 5 万件”是有时限的。

直播开始前，需要将企业营销目标按照 SMART 原则准确地提炼出来，这样才能达到最佳的直播效果。

三、直播营销的七大方式

（一）直播营销的基本方式

为了吸引网友观看直播，企业新媒体团队需要设计最吸引观众的直播吸引点，并结合前期宣传覆盖更多网友。根据“直播吸引点”划分，直播营销的常见方式共七种，包括颜值营销、明星营销、稀有营销、利他营销、才艺营销、对比营销和采访营销。企业在设计直播方案前，需要根据营销目的，选择最佳的一种或几种营销方式。

1. 颜值营销

直播经济中，“颜值就是生产力”的说法已经得到多次验证。颜值营销的主持人多是帅气靓丽的男主播或女主播，高颜值的容貌吸引着大量粉丝的围观与打赏，而大量粉丝围观带来的流量正是能够为品牌方带来曝光量的重要指标。

2. 明星营销

明星经常会占据娱乐新闻头版，明星的一举一动都会受到粉丝的关注，因此当明星出现在直播中与粉丝互动时，会出现极热闹的直播场面。明星营销适用于预算较为充足的项目，在明星筛选方面，尽量在预算范围内寻找最贴合产品及消费者属性的明星进行合作。

3. 稀有营销

稀有营销适用于拥有独家信息渠道的企业，包括独家冠名、知识版权、专利授权、唯一渠道方等。稀有产品往往备受消费者追捧，而在直播中稀有营销不仅体现在直播镜头为观众带来的独特视角，还有助于利用稀有内容直接拉升直播室人气，对于企业而言也是最佳的曝光机会。

4. 利他营销

直播中常见的利他行为主要是知识的分享和传播。旨在帮助用户提升生活技能或动手能力。与此同时，企业可以借助主持人或嘉宾的分享，传授关于产品使用技巧、分享生活知识等。利他营销主要适用与美妆护肤类及时装搭配类产品，如淘宝主播“潮女可可”经常使用某品牌的化妆品向观众展示化妆技巧，在让观众学习美妆知识的同时，增加产品曝光度。

5. 才艺营销

直播是才艺主播的展示舞台，无论主播是否有名气，只要才艺过硬，都可以带来大量的粉丝围观，如古筝、钢琴、脱口秀等通过直播可以获取大量该才艺领域的忠实粉丝。才艺营销适用于围绕才艺所使用的工具类产品，比如古筝才艺表演需要使用古筝，制作古筝的企业则可以与有古筝使用技能的直播达人合作，如花椒主播“琵琶小仙小蜜”经常使用某品牌琵琶进行表演。

6. 对比营销

有对比就会有优劣之分，而消费者在进行购买时往往会偏向于购买更具优势的产品。当消费者无法识别产品的优势时，企业可以通过与竞品或自身上一代产品的对比，直观展示差异化，以增强产品说服力。例如，王自如 ZEALER 在测评手机时，经常会用 iPhone 作为参照标杆来评测手机性能。

7. 采访营销

采访营销指主持人采访名人嘉宾、路人、专家等，以互动的形式，通过他人的立场阐述对产品的看法。采访名人嘉宾，有助于增加观众对产品的好感；而采访路人，有利于拉近他人与观众之间的距离，增强信赖感。例如，飞贷户外直播，通过采访路人“3 分钟能借到钱吗”，路人的表现让观众感同身受，进而有利于推广飞贷的借贷服务。

（二）直播营销的方式选择

企业新媒体团队在选择直播营销方式时，需要从用户角度，挑选或组合出最佳的直播营销方式。从互联网消费者心理上看，从初次接触某企业或某产品直到产生购买行为，通常会经历听说、了解、判断和下单四个过程，如图 1-6 所示。

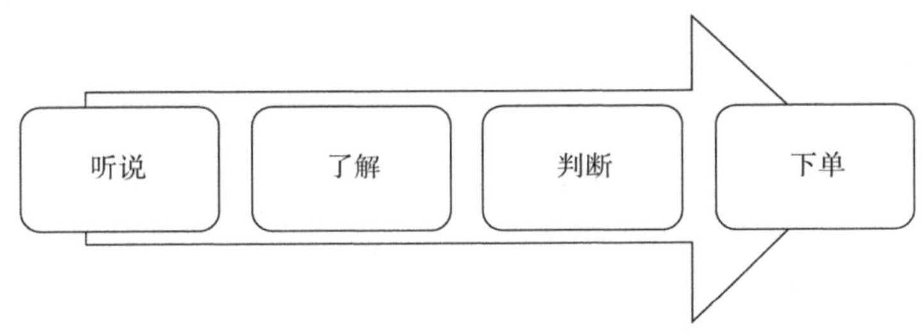

图 1-6 指标营销方式图

首先，互联网消费者会在朋友圈、百度搜索等渠道头一次听说某款产品；接着会在其官网、官方自媒体平台进行充分了解；接下来会去问答平台、店铺评价区域进行分析判断，了解其他网友对于此产品的评价；最后才是下单与付款。

对应互联网消费者的以上四步，企业需要进行“埋雷”工作，该工作环环相扣，如图 1-7 所示。

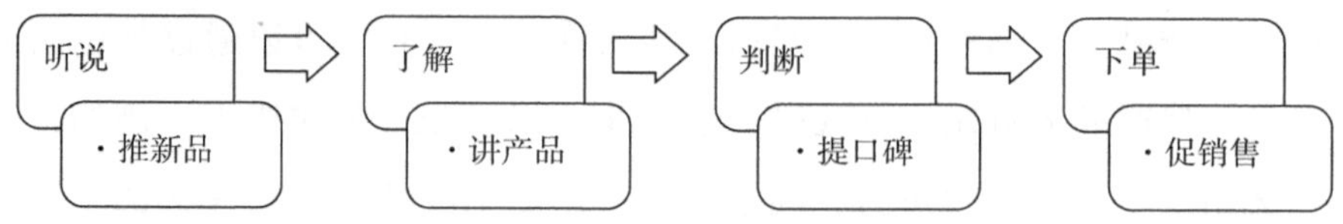

图 1-7　互联网消费图

在消费者可能会听说的渠道进行新品推介；在消费者了解产品的平台重点描述产品；在消费者进行判断的平台优化口碑与评价；在消费者下单的平台设计台词及促销政策，促进订单达成。因此，相对应的企业直播营销的重点工作即推新品、讲产品、提口碑、促销售。

对应以上七种不同的直播营销方式，直播活动中的重点各有不同，如表 1-1 所示。

表 1-1　不同直播方式下的营销重点

重点 方式	准新品	将产品	提口碑	促销售
颜值营销	√	√		
明星营销	√		√	√
稀有营销	√	√	√	
利他营销	√			√
才艺营销	√			√
对比营销		√		√
采访营销			√	

颜值营销可以把推新品与讲产品作为直播重点，用颜值高的帅哥或美女进行新品展示或产品的详细讲解。

明星营销除讲产品外，其他三个重点都可以尝试。由于明星通常会引发粉丝追星热，“促销售”可以作为重中之重来设计。与颜值营销不同，明星一般不会有太多时间了解产品性能并对产品侃侃而谈，因此“讲产品”可以不作为明星营销的重点。

稀有营销常以发布会直播形式出现，现场可以展示新品、讲解现有产品，尤其是提升口碑。现场邀请粉丝谈感受、讲心得，是在侧面对产品质量与品牌进行背书。

利他营销与才艺营销的营销重点在“推新品”与“促销售”。通过现场展示或道具引申，向直播间观众展示新产品，达成直播销售。

对比营销的重点在于“讲产品”，通过对比，突出产品差异化优势，从而让消费者对购买及使用更有信心。

采访营销通常以室外采访居多，对产品本身的展示与讲解较少，更多是通过被采访者之口说出产品的使用心得及感受，从而达到“提口碑”的作用。

需要特别注意的是，以上七种直播营销方式并不是相互独立的。将直播营销方式进行组合，可以强化营销重点，达到“1+1>2”的效果。

四、直播营销的策略组合

在梳理清楚直播目的并选择合适的直播方式后，企业新媒体团队需要设计直播营销的策略组合。直播营销的策略组合具有承上启下的作用，一方面可以更好地将上述直播营销目的落地，另一方面便于下一步直播方案的制作。

人物、场景、产品和创意四部分的综合效果会影响直播的整体效果，因此在设计直播营销的策略组合时，要注意这四部分的有机结合，如图 1-8 所示。

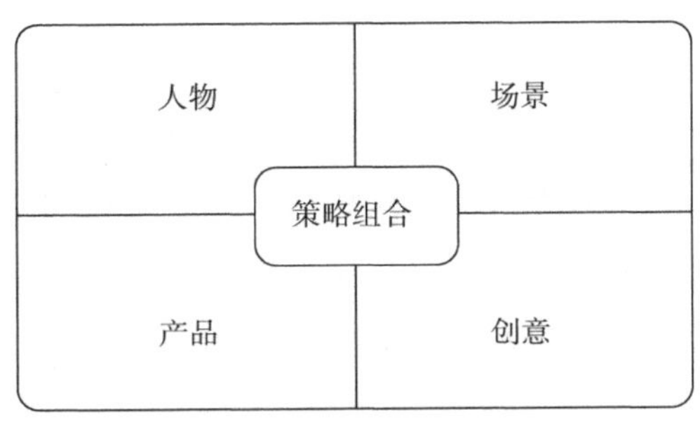

图 1-8　直播营销策略图

借助“人物”“场景”“产品”可以组成万能的策略模板，即什么样的人（消费者）在什么场所（销售渠道）购买了该产品（直播中展示的产品），并在什么场所（使用场景）使用后获得了什么样的效果（产品功能及效果），而这个人物（消费者）正在通过直播的形式把以上环节展示给屏幕前的观众看，让更多的人知道或购买（实现直播目的）。

这个万能的策略模板在套用中并非必须保留每一个环节，可以根据实际情况进行动态组合，但每一个环节都会对最终效果产生影响。

例如，发布会直播，某人（发言人/明星/首批产品体验者）正在发布会现场（场所）通过直播的形式，向大家展示使用该产品后在什么方面有着什么样的效果或便利（使用场景及使用效果）。理财知识分享直播，某人（理财专家）正在家里/办公室里（场所）通过直播的形式，向大家讲解理财的基本知识（产品）及理财建议（产品），关于理财产品方面，投资多少额度在多长时间内获得多少收益（产品功能及效果）。

万能的直播策略组合优势在于能够迅速在脑海中搭建一个直播模型。而除了“人物”“场景”“产品”外，“创意”对直播效果的影响更为关键。

趣味性内容的策划同样有章可循，利用、放大产品的亮点或功效，通过直接展示或间接对比的方式，可以达到增加直播活动趣味性、可看性的目的。

例如，一款高端手机，采用了双向摄像头设计，且明确了推广产品为这款手机的双摄像图设计能拍出更漂亮的照片，可以策划户外运动直播秀，以突出在各场景下的摄影拍照都能够胜任；一款护肤品爆水霜，其成分特点是含水量特别高，能够保持皮肤水嫩。可以策划使用检验皮肤水分的仪器，通过数字直观的表现涂抹爆水霜前后的数值对比，同时又策划了一瓶爆水霜涂在皮肤上，能够产生几克重量的水，来凸显这款产品含水量之高；一款手机，其特点是大屏幕，可以策划使用手机打乒乓球的环节等。

互联网对直播营销的孵化

互联网发展从最开始的个体到群体，最终到全民参与，从基本的浅层走向了深度发展，这是整个互联网市场的利好现象，也标志人们的生活被逐步互联网化。目前，绝大多数人在线下或者线上的消费都会从互联网上开始，特别是以电商务，直接激发了互联网直播消费孵化产生。

第一节　移动互联网趋势与特点

一、设备变化明显

目前，人们喜欢用手机上网，同时在移动终端的时长也超过了 PC 端，这说明移动互联网发展进入了一个新的阶段，人们上网的设备产品也发生了变化。早在 2014 年 6 月，人们的手机使用率已达 83. 4%，手机作为第一大上网终端设备的基本优势和相应地位更加巩固，而在 2017 年，这种使用普及率更是达到了 100%。2021 年我国互联网上网人数 10. 32 亿人，其中手机上网人数 10. 29 亿人。互联网普及率为 73. 0%，其中农村地区互联网普及率为 57.6%。全年移动互联网用户接入流量 2216 亿 GB，比上年增长 33.9%。截至 2023 年 4 月，全球互联网用户数量已经达到了 85 亿人。这些用户中有多少人每天阅读网上的文章呢？据调查显示，全球超过 60%的互联网用户每天都会阅读或浏览新闻和其他内容相关的文章。大家利用手机满足自己的娱乐需求、生活需求、支付需求、社会需求、工作需求，这种设备的改变带动了整体互联网各类移动端应用的发展。

二、全民互联网化

移动支付和场景消费为主的时代支付应用在整体和手机端都成为增长最快的应用。移动手机支付增长达 63.4%，使用率由 2013 年底的 25.1%增至 38.9%。这种消费场景和移动支付的运用（如账单功能）让相关的产业得以快速发展，互联网时代的产业和人们的消费习惯有密切的关系以及联系，2015 年中国第三方支付移动支付市场规模达到了 163 626 亿，同比增长率为 104.2%。2021 年人们利用手机购物、看电影、团购或者出游的增长率得到了大幅度的提升。截至 2021 年 6 月，中国网络支付用户规模达到 8.72 亿（87 221 万），较 2020 年 12 月增长 1 787 万，占网民整体的 86.3%。截至 2023 年，全球移动支付用户数将达到 60 亿人，移动支付交易额将达到 14 万亿美元。在中国，移动支付已成为日常生活中不可或缺的支付方式，截至 2023 年，中国移动支付用户数将达到 22 亿人，交易额将超过 7 万亿美元。

还需要特别注意的一个现象是，手机直播类软件的逐步出现，带动了整个互联网经济市场的发展。网络直播市场的使用率开始上升。而截至 2016 年 6 月，中国网络直播用户规模已经上亿，普及率也从“十二五”期间的 54.7%升至“十三五”期间的 70.2%，截至 2021 年 6 月，我国网络直播用户规模达 6.38 亿，同比增长 7 539 万，占网民整体的 63.1%。其中，电商直播用户规模为 3.84 亿，同比增长 7 524 万，占网民整体的 38.0%；游戏直播的用户规模为 2.64 亿。而到 2023 年我国直播用户规模以达到 7.51 亿。这样的增长态势是十分明显的。此外手机移动游戏领域也出现了大幅度增长，这让人们越来越对互联网有所期待，手机游戏的增长为整体游戏用户增长提供了动力；在投资理财的领域内，人们对投资的兴趣爱好也开始不断地增加，整个市场的用户规模在上升，这说明在整个理财市场规模突破 6 383 万元的时候，投资成本还可以逐步降低，这也是互联网给金融产业带来的巨大变化之一。当前，随着人们整体生活水平的提升，对财富管理的意识也在同步提高，致使互联网金融网贷平台得以成长。金融模式以创新为基础，以改革为后盾，为人们提供了良好的投资理财机会。①

在移动互联网没有出现之前，人们在线网络交流的使用率是不断下降的，而随着经济的发展和进步，人们利用手机终端进行社交的方式也越来越普遍，社交元素与其他应用的融合已成常态。社会网民从 2.57 亿到 7 亿，而这一数据在 2017 年改变更大，用户规模和使用率持续下滑。截至 2021 年 6 月，我国网民总体规模超过 10 亿，庞大的网民规模为推动我国经济高质量发展提供强大内生动力。一是互联网基础资源加速建设，为网民增长夯实基础。截至 2022 年 6 月，我国 IPv6 地址数量达 62 023 块/32，较 2020 年底增长 7.6%。移动电话基站总数达 948 万个，较 2020 年 12 月净增 17 万个。二是数字应用基础服务日益丰富，带动更多网民使用。由于社交类应用更新迅速，对单纯社交网站的用户产生了较大分流。这说明移动互联网已经和社会融为一体，成为人们生活中不可或缺的一部分。

第二节　互联网的多元演变中孕育直播机会

早期的互联网往往只限于军事领域和相应的计算领域，并没有进行完整的信息互联网互通。在当前互联网下，网络直播的概念界定也逐步明

① 尹宏伟. 直播营销［M］. 北京：机械工业出版社，2019.

确，并在演变中向产业化方向不断发展。中投顾问作为专业的互联网咨询和研究机构，曾在《2016—2020年中国网络直播行业深度调研及投资前景预测报告》中认为：网络直播的优势在于其能抓住用户的需求，从另外一个角度和层面让用户的生活需求得以满足，并且作为专业化的互联网模式，网络直播是互联网内容和技术上的一种创新，这对人们而言有重要的参考意义和价值，也会对整个移动互联网市场产生影响，网络直播可以利用视讯的方式，给人们提供一种场景转移和现场互动的服务，其具有形式多元、音屏效果好、不限时间地点等优势特点，通常可以被用来做娱乐或者营销，能为我们提供很好的场景消费。

从狭义角度来看，互联网下的网络直播机会众多，是新兴的高互动性视频娱乐。这种直播通常是主播通过视频录制工具，在互联网直播平台上直播自己唱歌、玩游戏等活动，而受众可以通过弹幕与主播互动，也可以通过虚拟道具进行打赏。

一、综合信息资源查询——直播模式开启的空间条件

现代直播的发展和出现是基于互联网技术对有关人、事、物、场景、画面等综合资源信息进行整合。20世纪90年代后期，现代国际网络服务和2G时代的出现将互联网从单一的网页链接转化为综合信息资源服务模式，从WB端转向21世纪的多元资源集合端，而互联网依托端口也从21世纪初的PC端口转为移动互联网模式时代，这极大地促进了网络空间资源的整合和分配。而对直播而言，综合信息资源查询功能的出现为直播模式的出现孕育了信息和链接。

通信革命是一种技术的革命，但这样的革命如果只从技术的角度来理解，未必能真正把握其含义，必须从政治、经济、技术、社会等多个角度来理解其出现的意义。互联网的发展早已超越了当初ARPANET的军事和技术目的，从开始为人们的交流服务到后期为生活服务，直播正是在互联网转为通信交流工具之后才存在的。

二、在线娱乐互动——直播成熟的雏形出现

互联网将在线娱乐方式无限扩大，作为一种广义的、宽泛的、公开的、对大多数人有效的传媒，互联网通过大量的、每天至少有几千人乃至几十万人访问的网站，真正实现了大众传媒的作用。互联网可以比任何一种方式都更快、更经济、更直观、更有效地把一个思想或信息传播开来。

人们的娱乐方式已经不仅限定在线下的维度，而是更多地利用互联网来搜集和获取。社会空间的转变给互联网在线娱乐互动带来大量的机会，特别是视频模式的革新打通了互联互动的技术屏障。

直播本质上是利用互联网对现场场景和特定活动的一门视频传输行为，故而在线互动娱乐模式的兴起让人们更多地看到了相应的机会，进而准确地把握人的心理信号需求，根据大众娱乐方式的改变做出改弯。直播的实现满足了互动的社会需求，成为其发展和成熟的重要条件，而这是基于互联网本身互动娱乐功能的雏形而形成的。

三、商业功能——直播发展有了利润动力

“互联网+”的出现与发展是包括直播在内的各种经济形态实现商业化的基本条件，互联网商业功能的出现顺应了直播产业爆发式增长的基本规律，故而成为直播从单一走向产业，从简单走向数量集合的重要动力。

商业是无处不在的，只要存在商品和利润交换，就存在我们所说的商品交易和商业空间价值。中国网络市场规模虽然在 2019 年受疫情影响增速放缓，但整体一直处于增长状态，从 2016 年的 51. 7 亿美元增长至 2020 年的 91. 4 亿美元，年均复合增长率达 15. 31%。截止至 2021 年上半年，中国网络市场规模已达到 44. 2 亿美元，到 2022 年中国网络市场规模达 47. 57 万亿元，较 2021 年的 42. 13 万亿元同比增长 12. 9%。

在市场划分的结构中以互联网经济最为显著，包括电子商务和支付等都处在较高的增长区间。自 2017—2021 年以来各方面的互联网经济数据都在增加。移动互联网因为其技术和商品交易的便利化而快速发展，支付、

电商、购物、网络广告等更为广泛，广告主网络广告投放比重持续增加，这些推动了网络经济市场迅速发展，各方面用户的规模都在逐步增长和上升，这也说明对行业趋势的把握是十分重要的。

在细分市场结构中，2011 年移动互联网和网络广告的占比均有小幅提升，电子商务的占比仍维持在 40%以上。自 2017—2022 年以来，各方面的互联网经济数据都在增加。其中，移动互联网市场的增长，主要源于传统电商企业快速拓展移动业务以及移动支付的快速推进；电子商务市场稳定态势的保持，主要源于网络购物和旅行预订市场的持续增长；广告主网络广告投放比重持续增加，助推整体网络广告市场保持稳定上扬态势；而网络游戏市场，由于网游用户付费市场接近饱和，网络游戏市场规模增长逐步趋向平缓。

商业功能的出现给直播带来了利润动力。随着互联网经济的发展和其在社会生产活动中的重要作用，互联网逐步具备商业功能。直播最开始也只是简单的视频空间对接手段，而互联网商业经济的出现让直播从简单行为走向商业。主流的观点将直播产品分为三类，即秀场直播、游戏直播以及一些教育、节目、重大事件等直播。秀场直播作为对 YY 直播的一种创新，利用用户的礼物来进行抽成，通过这些支撑起一个基本的网络空间盈利模式，使秀场直播成为一个重要的入口。秀场直播可以视为从游戏直播发展的直播平台中的一个子频道。游戏直播因为游戏的场景比较固定，主播成长和粉丝获取都比较容易，而当前很多的游戏直播都在拓展新的方向，如娱乐、生活、情感、体育等频道。相比于秀场，游戏直播更可以推动出现沉淀下的优质内容，商业方面的想象空间更大。这是互联网商业化发展给直播平台和模式带来的商业化机遇。而一些诸如教育类等方面的直播年利润率更是不断增长，这都是“互联网+”所带来的效果。

国内移动互联网等第三产业促进经济转型升级，国内经济结构在持续优化。其中，移动互联网作为第三产业中信息经济的重要组成部分，以智能、连接、普及等优势，不断推动互联网和实体经济深度融合，激发社会大众创业活力。

从国内外的基本情况和环境来看，移动互联网经济发展得非常不错，以高覆盖形式实现了突破发展，特别是和实体经济深入融合，移动支付、移动购物、消费等都已成为新的商机，人们的消费观念也从线下走向了线上，这表明大众对各种娱乐和线上方式的接受程度得到了提升，在人们接受和认可的基础上，大家对网络市场的需求增加，这就带来了机会。

第三节 互联网技术为直播发展提供基础

互联网最初的设计是为了提供一个通信网络，并非要求实现生活场景和动态的转播。互联网最开始其实也就是一种简单的非计算程序的东西故而很多方面的需求通道是不通的，而随着现代社会的发展，一种叫路由器的设备开始出现，其可以指引通信信息经由中间路由器在网络中传播，而这恰好使现代社会和新科技的发展与成熟同步了直播技术的增长需求。

一、硬件技术

DASH（Dynamic Adaptive Streaming over HTTP）的诞生给直播发展和成熟奠定了坚实的码率转化基础。DASH 又称 MPEG DASH，是一种在互联网上传送动态码率的 Video Streaming 技术，类似苹果的 HLS。DASH 会通过 Media Presentation Description（MPD）将视频内容切片成一个很短的文件片段，每个切片都有多个不同的码率，DASH Client 可以根据网络的情况选择一个码率进行播放，支持在不同码率之间无缝切换。

目前 3GPP Release 10 已经将 DASH 纳入其中；在 HbbTV1.5 中也支持 DASH；DVB-DASH 也将 DASH 纳入 DVB（ETSI TS 103 285 v.1.1.1）中。目前 DASH Industry Forum 由发起厂家组成，致力推进 DASH 产品生态，将 DASH 产业化和业界最佳实践推向批量应用，而有了这种技术的发展和成熟就意味着直播有了传输载体。

二、网络4G成熟

（一）直播技术有了场景支持

4G集3G与WLAN于一体，并能够传输高质量视频图像，其图像传输质量与高清晰度电视不相上下。互联网直播需要的就是这种技术，4G系统能够以100~150 Mbps的速度下载，不同的运营商采用不同的4G技术，速度通常比3G快20~30倍。4G通信技术并没有脱离以前的通信技术，而是以传统通信技术为基础，采用一些新的通信技术来提高无线通信的网络效率和功能。ITU（国际电联）已经将WiMax、HSPA+、LTE正式纳入4G标准里，加上之前就已经确定的LTE-Advanced和WirelessMAN-Ad-vanced这两种标准，4G标准已经达到5种。目前LTE已然成为4G全球标准包括FDD-LTE和TDD-LTE两种制式。截至2013年3月，全球67个国家已部署163张LTE商用网络，其中154张FDD-LTE商用网络，15张TD-LTE商用网络，6家运营商部署双模网络，中国联通采用FDD-LTE制式进入4G时代。

4G将开放移动互联网的应用场景，其实移动互联网的应用场景和4G的普及与开放是分不开的，移动直播互联网的更多应用也需要4G的参与。

目前移动互联网的应用范围主要有移动医疗、移动支付、位置服务、物联网、移动搜索、多屏互动等，而直播既是一种基于网络宽带的形式，也是场景的运用。其他领域如移动医疗APP的数量大约占安卓移动应用的1.6%，国内医疗健康类APP已经多达2 000多款。2013年电商手机支付规模超过1.2万亿元，用户数1.25亿，同比增长超过700%，2017年规模超过7个亿，这充分显示了4G技术成熟对包括直播在内的软件的影响。

随着4G的普及，移动互联网的应用场景将不断扩大，4G的成本是3G的1/4~1/3，频率利用率是2~3倍，流量承载能力是10倍以上。4G开启了移动互联网时代，移动通信峰值速率平均每年加倍，10年增长了1 000倍。

在4G的背景下，移动互联网将重塑产业链。OTT业务兴起，催生了互联网金融，加速向O2O业务渗透，如金山软件CEO张宏江、华为荣耀事业部总裁刘江峰、高通大中华区总裁王翔就曾讨论过下一个“50亿”在哪里。王翔认为，在未来将有70亿终端接入互联网，这势必改变人们的生活。刘江峰称，物联网、可穿戴设备带来的不仅是50亿的机会。张宏江则认为在未来互联网服务商都会是数据的来源，或可以转变成数据供应商。

4G网络造就了繁荣的互联网经济，解决了人与人随时随地通信的问题，随着移动互联网快速发展，新服务、新业务不断涌现，移动数据业务流量爆炸式增长，4G移动通信系统难以满足未来移动数据流量暴涨的需求，急需研发下一代移动通信（5G）系统。

5G作为一种新型移动通信网络，不仅要解决人与人通信，为用户提供增强现实、虚拟现实、超高清（3D）视频等更加身临其境的极致业务体验，更要解决人与物、物与物通信问题，满足移动医疗、车联网、智能家居、工业控制、环境监测等物联网应用需求。最终，5G将渗透到经济社会的各行业各领域，成为支撑经济社会数字化、网络化、智能化转型的关键新型基础设施。

（二）流量为王

移动互联网飞速发展，使用户对流量需求不断增大。当你还没搞明白到底什么是3G的时候，4G已经开始出现并且可以被运用到直播等互联网事件领域。很多企业在这些方面的研发和创新也是其发展的基础，如中国联通在3G网络上的优势一直遥遥领先，通过传输网络的建设也在LTE上提前进行布局。无论是在技术成熟度、成本还是在时间上都占据优势，即便到了4G时代，联通的网络优势仍会继续保持，这是联通成为移动互联网专家的重要保障。值得一提的是，工信部确定的4G频率可与3G共用，这样有利于联通3G向4G平滑过渡，在4G时代很多直播企业都力图继续保持网络制式领先优势，以全球成熟的产业链为基石，在未来的竞争中更胜一筹。

随着5G网络的普及，用户所产生的移动数据流量将会不断增加，这也会给运营商带来更大的压力，因为他们需要为更多的用户提供更高效的网络服务，同时满足用户对数据流量的需求。未来，5G 网络的发展将会极大地改变我们使用网络的习惯，我们会使用更多的视频和云服务，这些都需要大量的带宽和高效的互联网连接。

三、音频技术的成长

互联网视频技术的发展和出现，使网络视频直播系统可以应客户的要求把活动现场的音频或视频信号压缩，传送到多媒体服务器上，在 Internet 上供广大网友或授权特定人群收听或收看。

从最开始对数据的采集到后期对数据的编写，整个流媒体技术和数据传输都需要在解码的基础上完成，这样在解码之后才能够进行完整的音频播放，对各种设备，如摄像机、解码机、拾音器、声电转换装置（咪头）、音频放大电路等有着各种各样的利用，多种协议的补充真正让直播有了较好的技术基础。在视频方面，以 H. 265 为主，封装容器有 MP5、平板电脑等，这些是视觉播放的重要工具。

音频基本是以一种视频技术为基础的，其中有 Opus 等，通过早期的构建，足以让整个产品形式得以实现，为直播提供很好的场景。

四、大数据技术成引领

互联网直播分为很多类型，为了有效地提升直播的安全性和固有性，让直播更好地服务于受众，互联网大数据的产生和成长无疑给了直播很大的帮助。

“大数据”是指以多元形式，自许多来源收集而来的庞大数据组，其往往具有实时性。在企业对企业销售的情况下，这些数据可能来自社交网络、电子商务网站、顾客来访记录，还有许多其他来源。

分布式处理、分布式数据库、云存储和/或虚拟化技术能让整个行业的空间和价值得到完整的体现，而这也是互联网技术作为核心的一些展示，如果在互联网时代包括用户数据等都能实现很好的利用，就让简单的数字变成金钱。

实际上这几年大数据在直播领域的运用还不是特别的流行，但是从目前的市场发展状况来看，对直播用户的数据挖掘和爱好的储备分析能帮助相应的企业实现更大意义的发展。大数据在最开始时的成本很小，但是依靠企业最开始的技术和储存，如果直播企业没有技术将用户观看直播的实时动态进行分析，那么后续就不能依靠这种数据来实现价值突破。这项技术在自己用时将会非常收益。因为成本会降低：当这项技术作用在客户身上时，客户也会受益。能够让客户和自己同时受益的技术，就是最有商业价值的技术。所以，大数据并不只是喊口号的空话，而是像其他的新兴技术一样。商业化需要一个过程，就现在看来，大数据还是属于雷声大雨点小的阶段，所以才会让很多人认为大数据炒作的嫌疑更大。

虽然大数据并不仅仅局限于技术的显示，但是 Hadoop 系统的技术已经在事实上获得了认可。因此，在讨论大数据最核心价值的同时，也不能脱离 Hadoop 系统的技术。大数据的发展脚步十分巨大，有很厉害的实现形式，同时也是一种革命性的科技进步，从目前的情况来看，这种技术使互联网技术和纳米等前沿技术一道成为人们未来发展的新方向。人们通过各种手段实现了较大的转型，或许以前人们觉得数据并没有多大的价值，但当大数据朝着时代化的方向前进时，就会创造出各种各样的新机遇。

大数据到底有什么作用。对直播而言，大数据能让人们对直播认识得更清楚，只要直播存在或者直播被用户所关注，那么数据就会产生，数据产业也就可能产生价值，而这是人与人之间最为直接的方式。

大数据技术离每个人并不遥远，离互联网和直播更近，就其对生活的影响而言，这种技术在生活中的影响已经非常明确，甚至深刻地渗透到日常生活消费里面。这也说明我们不能逃避直播带来的数据化影响，数据可以被变成模型，模型能变得更具有高效性和完整性，通过大数据我们能分析一切、发现一切，利用大数据技术提升我们的生活环境，提升我们的工作和收入，提升我们衣、食、住、行各个方面的消费日常情况，也能使自身更好地认识自己，而企业则能更为有效地实现商业模式的突破。

五、人工智能化的直播运用

互联网信息科学技术里面包括了云计算、大数据、物联网等几个方面，但是不可忽视的是，在直播技术领域人工智能也是相对重要的。有人说直播仅仅是人和视频的互动，不涉及智能化，这种观点是不正确的。人工智能是智能化的人工模式，也是人工手段的智能化变动，人工智能看起来是将所有的东西都智能化了。“人工系统”是人的复杂的知识系统，而直播软件和空间可以利用其更好地为受众服务，给我们带来良好的用户体验。

人工智能是对信息和思维模式的一种改变，其会让直播结构发生变化，让技术更加体现在直播互动里面，诞生人们所谓的“类人脑”，它具有功能模拟作用，可以对现代人的思维进行模拟，帮助人们实现更好地直播，也帮助用户更好地理解和享受直播。直播模式最开始被运用于机器人领域，这提升了经济社会的发展水平，有效地满足人们的需求。不过对直播而言，人工智能的发展还面临一些问题，这些问题也影响其效率与质量的实现。智能技术往往是一个需要感知的技术，它会根据相应的程序设定和提示做出能够达到目标的一些行为，而这种行为是自动化的，包括了比较复杂的环境。如果要将人工智能的前沿技术运用到互联网直播领域，那么会是一种新的方式，这可以通过好的语言和思维来实现直播的互动化。

现在的直播基本是人与人直接性的互动，如果将智能化技术加以运用，无疑能让直播更加贴近和了解用户需要。直播里面是存在系统的，每一种系统都需要支撑这个画面，而智能化的运用可以减少非必要因素的支撑，降低直播成本。随着经济社会的发展和人们生活水平的提升，人工智能技术将实现更大的突破和发展，而这一切都会为互联网经济提供帮助。

第四节 互联网催生大量线上受众

一、互联网用户基础群体发展扩大

互联网直播的发展离不开特定的群体和观众基础，这是互联网直播的必备条件，也正因如此，互联网发展给直播发展提供了收视听源泉。互联网的发展是不断变化的，从小到大，由浅入深，这让网络大众开始成为互联网的主要群体。互联网已经进一步渗透人们的生活领域。2014 年，人均上网时长为 25. 9 小时；2017 年，整个上网时长进一步提升，除了以前的上网需求外，还有“互联网化”的直播趋向。2017 年互联网用户超过 8 亿，上线时间和视频在线时间相比三年前大幅度增长，这为整个互联网直播的发展和成熟带来了良好的观众基础。截至 2017 年 6 月，中国网民数量达 7. 51 亿，互联网普及率达 54. 3%。网民基数决定了线上用户的购买力，同期我国网购用户人数达 5. 14 亿，半年增长率达 10. 2%，网购渗透率达 68. 5%。截至 2022 年 12 月，我国网络直播用户规模达 7. 51 亿，同比增长 6. 7%，占整体网民的 70. 3%；短视频用户规模为 10. 12 亿，同比增长 8. 3%，占整体网民的 94. 8%。

直播的观众需求从开始的数百人、几千人逐步发展演变为数千万甚至上亿群体，知名的直播和相应的直播模式可以带动上百万人次的实时观看，这是互联网用户普遍增多的结果。

二、终端覆盖扩大催生移动用户

随着智能化终端系统突破 13. 7 亿台，在移动终端领域流量的重要性已经不言而喻，因此流量也产生了很多的商业模式和价值，这些都为直播软件和系统提供了强大的载体。而作为一般意义上的终端，智能手机等带来的是一种更高效的模式，直播的娱乐和社交需求在这里得到充分的展示。终端市场还在持续不断的增长，用户的规模也在不断提升，这些都为人们提供了良好的便利。这也让其从 PC 端向移动端转变提供了可能。互联网终端系统范围越来越广泛使移动场景成为可能。在市场基本稳定的格局下，网络直播终端随着终端覆盖程度而不断发展，以前直播只能固定场景，但现在直播场景可以随处移动，直播场景已经不再单一。

其实在移动终端行业不断发展的情况下，大家对直播的新鲜感也在不断变化，用户需求产生了不同的市场缺口。虽然前有直播元年的驱动，后有直播模式的驱动，但总体上来说随着政府监管的深入开展，包括移动互联网终端在内的各种模式都在不断变化发展，这也为大家指出了新的方向。

总的来说，随着互联网直播技术的不断发展，网民的直播量与观看直播数量也越来越大。

三、直播群体迅速成长

（一）年龄层次多元

从年龄分布来看，关注直播的人群以年轻人为主，仅 20~29 岁的用户群体占比近半，达 49%；19 岁以下群体占比 11%；30~39 岁群体占比 28%；40~49 岁以及 50 岁以上的人群分别占 7%和 5%，如中投顾问在《2016—2020 年中国网络直播行业深度调研及投资前景预测报告》中认为。

归根结底，网络直播行业目前的发展依然以娱乐性质为主，因此更加受年轻人群体欢迎。加之美女和游戏元素的内容产出，既满足了年轻人的口味，也为吸引更多年轻用户关注与参与起了积极作用。而且 UGC 的内容生产模式需要思维大胆开放且颇具创造力的年轻人来承担主要的内容生产任务。

（二）青少年群体成长空间大

从新浪微博数据中心发布的《2016 年直播行业洞察报告》显示，11~

16 岁的网络主播、观众分别占到总数的 12%、10%，尽管占比并不算大，但结合直播用户的基数而言，未成年人直播用户数量已经相当可观。网络主播似乎有年轻化的趋势。网络主播大多数都是比较年轻的，其中游戏主播更是如此。

直播营销引发营销大变革

根据现代媒介的发展规律，每一次媒介的变化都为营销模式带来了不同程度的改变。因此，作为全新媒介的直播，拥有为营销开启新媒介时代的潜能。从“百播大战”的爆发到掀起高潮，直播也完成了从社交到营销的巨大变革。

第一节　直播营销与传统营销的关系

在移动互联网覆盖全球的当下，在网络中高速流动的海量信息分散了用户的注意力，因此打造了一个“快速阅读”的时代。传统营销中传递信息的方式已经无法在移动互联网中聚拢用户注意力，更无法开辟产品在互联网上的销售市场。当吸引用户的注意力成为品牌营销的战略重点的时候，以社交、互动为主的直播平台填补了传统营销的缺陷，为营销模式的转变带来了新希望。

传统营销在移动互联网时代背景下存在着许多缺陷，并且这些缺陷往往在发生的时候会造成不可逆转的后果。而直播营销模式能够弥补传统营销中的缺陷，并且使营销活动在开展的过程中实现利益的最大化。

第一，直播营销比传统营销更能带动市场。

由于互联网连接了全球各个角落，因此在“只要拥有一部智能手机，人人就可以成为信息传播源”的自媒体时代，微博、X 等社交平台上一旦出现品牌的相关负面新闻，就能以非常快的速度传播到世界各个角落。

使用传统营销模式的企业因为缺少与用户的沟通，时常会在面对互联网中流传的负面消息时束手无策，最终放任消息的流传，无法针对互联网市场做出及时的应变，最终影响了品牌的整体形象。但是，品牌可以通过直播让营销活动变成信息的来源。也就是说，品牌也可以利用自媒体让直播成为宣传品牌优势的工具，抢先让品牌推广出去，并在直播的过程中与产品用户进行直接互动、了解产品缺陷。在这些缺陷还没有全网散布之前，对产品进行优化，提高用户的满意度、最终使品牌形象在用户群体中得到升华。

第二，直播营销比传统营销更具有互动性。

在一般情况下，传统营销就是利用销售员与顾客之间一对一的传播方式进行销售。如果以这种方式来与大量客户建立社交关系，往往需要巨大的成本，因此大多数企业在利用传统营销模式的时候会忽略与顾客的社交互动。但是在不建立社交关系的前提下，过分刻意地推销产品，很难将产品信息有效地推送到顾客的脑海中，甚至会激起顾客的厌烦心理。并且在营销的过程中，这种纯单向的信息传递方式完全不利于双向沟通，顾客无法把相应的产品信息反馈给企业，最终会导致顾客大量流失。一些品牌在进行传统营销的活动中，即使会建立相应的微博、微信公众号来与顾客建立关系，但是这种建立关系的方式也无法照顾到大部分人——毕竟一般的企业很难及时回复每个留言，有问题的顾客也很少去仔细查看前面留言中是否存在解决问题的办法。而直播营销自带社交性质。给观众带来强烈直观感受的同时，让观众尽可能参与到营销活动之中，及时向企业反馈产品的优点和缺点，进而达到了品牌与顾客沟通的目的，使顾客对品牌建立强烈的信任感与依赖感。

第三，直播营销的变现率更高。

有效的营销活动能够吸引大批注意力，并且将这些注意力转化成客户消费动力。但是现在传统营销活动在聚集注意力方面就已经落后，时常需要消耗大量成本去举办线下活动才能获得极少的客户注意力，那么想要进一步把客户的注意力转化成消费力则更加艰难。而直播营销让观众边看边买，不仅方便了观众，而且提高了直播营销的变现率，让观众享受直播带来的娱乐的同时，变成了产品的忠诚用户，并且愿意为购买产品支付相应的费用。

因此，传统营销模式存在的缺陷已经无法适应当下的市场。目前销售市场需要的是一种可以弥补传统营销缺陷的新营销模式，并且这种新营销模式可以通过社交手段聚拢大批注意力。根据现代社交和营销的发展趋势，这种新营销模式就是以直播平台为媒介开展的直播营销。直播营销能够利用自身在社交方面的优势，逐一弥补传统营销中的缺陷，实现传统营销活动中无法实现的目标。

由于传统营销模式的缺陷，品牌产品很难实现在营销的过程中被秒杀。而直播营销就能够打破传统营销的限制，让营销带动市场，进一步提高营销过程中的互动性，降低营销成本，最终实现了让观众边看边买，让品牌在营销的过程中不断地获得利润①。

第二节　直播营销的操作方法

从 2016 年初，直播以迅猛的发展势态涌入网络社交中。各大企业之所以会看好直播，除了看中直播的娱乐性质之外，还看中了直播活动中强大

① 徐鹏举．引爆流量直播营销战略、打法与技巧［M］．北京：中国宇航出版社，2017.

的潜在销售能力。无论是作为个体的网红、明星，还是有良好组织的团体、企业，都可以借助直播平台一夜爆红、打造全新的品牌IP，并以直播为基础使用全新的广告模式吸引消费者。因此，直播这种传播的新媒介在营销方面才会受到大量企业的欢迎，而且正确的直播营销方式能够让企业、品牌、消费者紧密串联，形成固定的网络流量生态循环系统。

由于网络直播的门槛非常低，导致出现了许多种直播营销的方式，而将目前已有的成功直播营销进行归纳整合，就可以发现目前的直播营销实际上主要集中在以下四大玩法之中：

一、品牌+直播+明星

虽然现在已经有很多网红的人气超越了明星，但是当企业想要通过直播塑造品牌形象的时候，在大多数情况下还是会优先考虑拥有固定形象的明星。明星本身就拥有庞大的粉丝圈，虽然大多数明星在直播的过程中为了维护自身形象，不能像很多网红那样随心所欲，但是正因为明星维护的自身形象与品牌的形象相符合，才能让被直播吸引过来的粉丝转化为品牌的消费者。这就是“品牌+直播+明星”这种直播营销玩法成为大多数企业重点选择的原因。“品牌+直播+明星”在企业直播营销的所有方式中，属于相对成熟、方便执行、容易成功的一种方式，目前已经有了很多成功的案例。

在以“草根”直播为主的年代，这些大牌明星产生的效应往往能迅速抓住观众的注意力，进而产生大量的流量。虽然这种方式见效极快，但是缺陷也不可避免。大部分明星在匆匆直播完毕之后，不会像大多数网红那样留下影响较为深远的话题，并且明星直播已经被大量企业利用，观众对明星的好奇心在被大量消磨之后，“品牌+直播+明星”产生的效益也会大量减少。因此，企业在利用“品牌+直播+明星”进行营销活动的时候，要学会把握时机、适当利用。不能因为收获了利润就大量、反复利用这种直播营销方式，否则会很快失效。

二、品牌+直播+企业日常

在直播的时代，个人吃饭、购物等日常活动都可以作为宣传个人 IP 的直播内容，那么企业的日常同样也可以作为直播内容进行品牌宣传。实际上，大多数消费者都对产品幕后的“企业日常”非常感兴趣。所谓的“企业日常”包括企业制定新品的过程、研发产品的过程、企业生产产品的过程等，甚至企业主管开会的状态、员工的工餐都属于“企业日常”。这些对于企业来说稀松平常，甚至还有点琐碎的小事，对于消费者来说却是掩盖在产品光环下的“机密”。因此，将“企业日常”挖掘出来，搬上直播平台也是一种可以吸引观众注意力的直播营销方式。

三、品牌+直播+发布会

发布会是企业在一般情况下推广新产品使用的必要手段，但是大多数企业都会选择线下发布会，而一些有前瞻性的企业已经开始尝试利用直播将新品发布会搬到线上。这些企业通过“品牌+直播+发布会”的方式进行产品的营销活动，在宣传了新品的同时也达到了与观众互动的目的。通过直播，观众可以直接看到产品的性能以及使用效果，并且直播强大的真实性，让观众在看到产品确实能满足他们需求的时候，也为企业在消费者群体中带来极大的信誉。但是企业的线上发布会虽然拥有节省成本、带来流量等好处，但是无法确定百分之百能做到毫无瑕疵。

国内“品牌+直播+发布会”的代表就是小米，雷军不仅把小米手机的发布会搬到直播平台上，还大胆地在直播平台上举办了“小米无人机”的线上发布会。但是，这场发布会却不尽如人意，“小米无人机”在发布会试飞的过程中突然坠机引起了直播现场一片混乱，观众甚至能听到直播现场有人在喊“切断直播”的声音。

虽然小米做了很多后续工作，让无人机终于平安上市，但是小米无人机在发布会的直播过程中坠机确实让许多“米粉”对小米产生了怀疑。因此，企业在利用“品牌+直播+发布会”的营销模式时一定要提前做好万全的准备，在保证发布会能顺利进行的同时，还要对发布会中可能出现的意外情况进行预防。

四、品牌+直播+深互动

虽然“百播大战”已经度过了高潮时期，但是企业对于直播营销的探索还在初级阶段。由于直播平台是作为社交工具而诞生的，所以企业在进行直播营销的时候，就会尽可能地发挥直播作为社交工具的优势。因此，目前企业主要的直播营销玩法就是“品牌+直播+深互动”。然而，“品牌+直播+深互动”实际上是最难以创新的一种直播营销玩法。因为直播本身就具有高效的互动性，所以企业想要让品牌通过直播平台与消费者进一步“深互动”则需要极大的创新思维。但是，一旦企业对“品牌+直播+深互动”有了正确的创新思路，就会获得相当可观的成果。

第三节 直播营销的价值

一、直播对品牌营销的价值

2016 年被称为“直播元年”，直播营销的时代已经到来。由于直播在社交上极度亲近普通大众，因此无论是娱乐直播、游戏直播、电商直播，还是专业直播，都能在一定程度上聚集了相应领域内分散的流量。这些流量使直播平台变成了销售市场的发源地，让许多企业看到了品牌营销的契机。

约翰逊在《新营销，新模式》一书中还提到过：“你的品牌就是你的故事，你要在与客户的合作过程中确定你的品牌的含义。”也就是说，品牌是企业的无形资产，树立一个良好的品牌形象，才能让顾客愿意与企业合作，愿意购买企业产品。而所谓的品牌营销，就是让品牌根植于消费者的心中，让消费者对品牌产生依赖性，长期黏着于固定的品牌之上，这些黏性消费者还会带动周围的人购买相关产品。也就是说，品牌营销是通过建立品牌与消费者之间的联系，在增加消费者忠诚度的同时，扩大销售市场的。但是，企业在树立品牌形象的时候，时常需要极为漫长的建设过程，甚至需要花费数十年才能让品牌形象植入大众的内心。然而企业千辛万苦建立的品牌形象也不是绝对屹立不倒的，企业后期的运营问题、产品的瑕疵、营销手段的不当等问题都会使品牌在消费者心目中“跌价”。因此，企业需要一个可以创造品牌价值的手段。伴随着移动互联网诞生的直播，企业在营销上从以下三个方面来对品牌价值进行维护和创造：

第一，直播可以为企业培养、挖掘一批品牌的忠实用户。随着经济的发展、群众生活水平的提高，购买不再是满足生理需求而产生的行为。现在有一半以上的消费，都是购物者为了满足心理需求而产生的行为。因此，当今社会中的消费者在购物时时常带有强烈的情感，而品牌就是抓住消费者情感的最佳道具，使消费者的情感对品牌变得更加“忠诚”，是直播为品牌营销创造的重要价值之一。

第二，直播在线上提高消费者对品牌相关产品的体验。大多数企业在线上推销中，最常采用的方式是通过一整页的“文字+图片”的方式进行产品描述。虽然也有部分企业会穿插短视频，但是这种方式其实和微博、微信等社交门户的广告极为类似，甚至更加繁复，让大多数消费者难以完整、仔细地看完。但是，产品所有的使用方法、使用过程、使用细节以及注意事项都可以通过直播直观地展现在消费者的眼前。并且消费者还可以通过直播平台对产品进行提问。当直播中的产品在消费者的心中留下了良好的印象时，品牌的形象自然也会获得一定的加分。

第三，直播提高品牌曝光率。品牌曝光率是品牌营销中最重要的部分，企业在建立品牌形象的过程中几乎都是围绕着“品牌曝光”进行的。

只有让品牌尽可能多地被消费者了解、熟知，才能真正达到品牌营销的目的。直播平台聚集了互联网中的流量，流量是人群、是消费者，把品牌丢入直播平台这种“流量池”中，自然就会掀起传播的“涟漪”。但是，在品牌参与直播的过程中，企业必须要不断地做直播内容上的创新，向消费者展示最新颖、最有趣的品牌文化内涵，才能在“流量池”中不断地吸收流量。否则，即使直播为品牌带来了价值，这种价值也是短暂的，因为消费者在无法获得新颖、有趣的内容的时候，就会在心理上产生厌倦，最终会造成品牌价值的流失。

在直播营销的时代，直播作为一种工具可以为企业创造大量品牌价值。即使一些已经具备了一定品牌影响力的国际企业，也会采用直播来维护、创造品牌价值，甚至利用直播创造的品牌营销价值作为品牌竞争的武器之一。

由于国际高端运动品牌市场发展缓慢，导致品牌竞争激烈。作为国际知名的运动品牌的阿迪达斯为了打造全新的品牌概念，把使用了多年的广告语“没有什么是不可能（Impossible is nothing）”换成“阿迪达斯倾尽全力（Adidas is all in）”。也就是说，阿迪达斯要以最快的速度，让多年积累的消费者群体接受全新的品牌形象。于是，阿迪达斯邀请了许多著名歌手、模特、足球明星、篮球明星等拍摄了全新的广告宣传片，并且举办了以“阿迪达斯倾尽全力”为主题的推广活动。在此次活动中，阿迪达斯选择与优酷合作，让优酷对活动进行直播，将只有数百人参加的活动，扩散到所有观看直播的年轻群体中。

实际上“阿迪达斯倾尽全力”的推广活动是在 2011 年。也就是说这些国际企业早就看中了互联网中社交平台产生的流量。2017 年，阿迪达斯的 CEO 卡斯珀·罗斯德就表示要放弃投放电视广告，他在记者的采访中说：“很明显，年轻消费者主要通过移动设备与我们进行互动，数字化的互动方式对我们来说十分关键，大家将不会再看到任何（阿迪达斯的）电视广告了。”而目前在品牌营销中最具有效力的“数字化互动方式”，非“直播”莫属，并且伴随着直播技术的发展，企业在直播上投入的有效成本、创意都能够快速地转化为相应的品牌价值。

二、直播对产品销售的价值

2016年是“全民直播”的元年。在这一年，部分企业已经逐步舍弃传统的营销模式，开始选择直播来进行品牌推广。企业通过直播营销不仅可以创造品牌营销的价值，还可以利用直播来促进企业的产品销售量。

在企业拥有足够产品的前提下，直播主要在以下几个方面影响了企业产品的销售量：

（一）直播根据定位消费者的需求提高产品销售量

消费者的需求是影响产品销售的主要因素，消费者会根据自身的购买力、消费动机以及需求数量，来决定是否购买产品或者购买多少产品。消费者的需求是影响产品销售量的绝对因素，产品的需求量大，销售量自然就会提高。但是，产品自身的特性并不会适用于每一位消费者。那么企业该如何在全球庞大的消费者群体中挖掘出产品的真正需求者？在传统的营销方式中，企业会聘请相关的销售专员来挖掘相应的需求者，每位销售员只能吸纳少量的消费者，但往往需要花费极大的成本才能开发出一小块消费者市场。直播的出现则改变了以往企业费尽心思开发消费市场的局面，直播不仅可以轻松地给产品找到相应的市场，甚至可以让消费者主动进入到产品的销售市场中。

直播的精细化能够帮助产品定位精确的消费者群体。虽然2016年是直播平台大爆发的一年，但是从“百播大战”爆发开始到目前为止，一直都没有出现综合性的直播平台。现在，直播内容非常专业精准，并且在直播未来的发展过程中，直播的垂直领域还会继续细分下去。这种细致的分化，使直播为产品寻找对应的销售市场提供了巨大的帮助。观众在根据自己的兴趣选择直播内容的时候，在细分的直播平台中拥有了更准确的定位，使互联网中的流量在各个领域中的分化、聚集更加明确，让不同的产品能够通过直播平台定位到准确的流量市场。

（二）直播能够维护、拓展、创造销售渠道

目前企业的销售渠道主要有成熟渠道、成长渠道、空白渠道三种，直

播在这三种渠道中都能够发挥巨大的作用。

企业已有的成熟销售渠道是企业目前产品销售量的主要来源。企业需要对这种渠道进行维护，防止消费者流失导致销售量的下降。维护成熟销售渠道的最好方式就是社交，而直播平台作为当下最时尚的社交平台，自然可以维护这种销售渠道。

企业正在发展的成长渠道是未来企业产品销售量的重要来源。这是一种充满潜在产品销售价值的渠道，大多数企业在采用传统营销模式的时候都无法顾及这种渠道。而企业通过直播就能够在成长渠道上进行有效的投入，通过拓展成长渠道使产品销量大幅度提升。

企业还未开发的空白渠道是企业未来销售量的战略根据地。空白渠道相对于成长渠道来说更难以开发。因为企业使用传统模式开发空白渠道的时候，需要先对市场进行准确的评估，断定空白渠道确实拥有销售潜在价值，才能进行营销活动。这一过程往往需要消耗大量成本，所以大多数中小型企业会选择放弃开发新的空白销售渠道。但是，企业利用直播进行营销，就完全不用担心开发空白渠道造成的成本浪费。因为，“直播+”本身就包含了许多销售渠道的营销模式，不同的“直播+”与不同的内容结合，只要内容能够满足消费者，都可以创造出巨大的流量，有了流量就等于为产品销售量的提升奠定了基础。

（三）直播可以提高产品的信誉度

产品质量是产品信誉形成的前提，而测评产品质量的是消费者。消费者在选择产品的时候，一般情况下都会选择信誉度高的，有时候产品的信誉度甚至会凌驾于品牌的影响力之上。消费者可以通过直播直接看到产品的来源，对于产品的信任度自然就会提升。比如，现在很多电商平台利用直播来进行海外代购。由于消费者在电商平台上“代购”商品的时候无法直接看到商品的购买地，导致了电商海外代购中“山寨”事件不断，使“代购”这块巨大的市场不断缩水。于是部分正规代购电商开始通过直播平台进行代购现场“直播”，让消费者直接看到商品的来源地。其中，最早使用直播代购的就是海外直播代购平台“波罗蜜（bolome）”，波罗蜜是一个主打“只卖当地店头价+视频互动直播”的跨境电商直播平台，目前主要以韩国、日本代购为主。波罗蜜的创始人兼 CEO 张振栋曾表示：“波罗蜜将会扩大直播的深度，加强与品牌商的联动。”波罗蜜通过直播，为国内消费者展示了许多国外不知名的小众品牌，这些小众品牌由于广告成本少等原因，价格往往非常便宜，能被大部分普通大众接受。通过直播，波罗蜜能够直接了解到消费者对于产品的需求量，也就避免了“供大于求”的尴尬场面。

销售产品是企业开展营销活动的主要目的，是企业获得利润的来源。企业通过直播营销的方式，提高了产品的销售数量，增加了企业的利润。

第四节　直播营销的困局

一、直播营销的“选择”困境

直播营销的本质实际上就是“流量变现”，而具体的流量变现方式则决定了企业直播营销的效果。由于现在直播的门槛非常低，各种各样的事物纷纷在直播中亮相，因此并不是所有的直播营销都可以带来相应的回报，许多企业一不小心就会落入直播营销的“坑”中。

（一）直播的平台、主播和内容选择不当

直播平台的性质与主播属性、消费者市场完全挂钩。斗鱼、虎牙等游戏类直播平台的主打一定是游戏，不大可能有主播向你讲述财经方面的专业内容。同样的，疯牛直播平台上的主播大多数都是财经大咖，这些财经界的“牛人”不大可能为观众直播玩游戏。

由于直播平台本身就具备一定的“品牌效应”，在经过垂直细分之后，各个主播的直播内容也有明显分化。而企业在选择直播平台的时候，一定要符合企业相关的品牌形象，不仅直播平台要符合，主播也要和品牌相对

应。主播和直播内容与企业品牌形象不对应，即使选择了正确的直播平台，也只会引起观众的反感。

（二）直播目的主次不明确

目前企业利用直播主要有两个目的。第一，利用直播达到“传播”的目的，宣传企业、宣传品牌、宣传产品，使企业的品牌和相关产品被大多人熟知；第二，利用直播达到“销售”的目的，也就是说把企业的产品卖出去。企业在利用直播营销的时候，很容易将这两个目的的主次顺序颠倒，最终导致直播营销失败。

很多企业都希望利用直播同时达到“传播”和“销售”的目的，但是这两个目的必须要分清主要和次要。如果要以“传播”为主，就要尽可能地“造势”，制造一个内容丰富的直播活动。比如美宝莲邀请50名网红进行秀场后台直播，就是一次典型的以宣传为主的直播，在宣传的过程中顺便加上卖产品的环节，但是最主要的还是要观众记住“美宝莲纽约”是一个很“纽约”、很“时尚”的化妆品牌。如果以“销售”为主，就可以省去繁复的“造势”步骤，直接进行销售活动。以销售为主的典型代表就是各大电商的直播平台，每天都有许多当红主播在平台上推出相应的产品，主播的粉丝群就会根据自己的需求来购买。这些主播不需要为观众展现复杂的内容，只要简单地展示产品的使用方法、产品的使用效果等。观众甚至不会在意主播用的产品是不是品牌，即使不是品牌也可以达到“销售”的目的。

以不同的目的为核心展开的直播营销活动最终效果也会不同，然而想要同时将两个目的实现且效果都达到最大化是绝对不可能的。因此，企业在进行直播营销活动的时候，一定要明确直播的目的。

（三）产品与直播受众不对口

企业的产品与直播受众不对口是目前直播营销中最大的“坑”。并不是所有的品牌在目前的状况下都可以利用直播营销。直播的受众主要为年轻群体，并且这部分年轻群体的消费水平有限，在利用直播进行营销的时候，企业必须考虑品牌是否会符合年轻人的“胃口”。

杨颖（Angelababy）在美宝莲秀场的后台直播涂唇露，结果让美宝莲的同款唇露大批量销售出去。仔细想想，为什么美宝莲选择让杨颖进行涂唇露的直播，而不是其他化妆品？原因在于，杨颖直播使用的美宝莲唇露单价不过百元，百元以内的价位的商品大多数消费者都可以轻松购买。由于美宝莲纽约和巴黎欧莱雅都属于欧莱雅集团，因此巴黎欧莱雅直播营销模式的成功之处几乎和美宝莲相同。在戛纳电影节上，李宇春同款的轻唇膏也是不过百元的产品，在大多数直播受众都能够接受的范围之内，因此这款轻唇膏才会在短暂的直播之后快速脱销。

正因为欧莱雅集团正确地定位了直播受众，并且针对这些受众推出了她们可以轻松接受的产品，所以相应的产品才能销售出去。如果一些高端产品想要通过直播营销来获取市场、销售产品，则要艰难得多。至少宝马MINI在直播拍片现场的时候，并没有急着将新车卖出去，而是选择了以“传播”为主要目的的直播营销方式。

虽然直播营销的时代已经到来，但是直播还在发展中，还没有全面到可以让每个企业都能够顺利获得销售量。因此，每个企业都要根据自身的定位和实际情况合理利用直播营销，避免直播营销中的三大“坑”。

二、直播营销的“技术”困境

当下，中国直播用户已经超过6亿，直播平台超过200家，并且拥有了极其细致的内容分类。但是，伴随着直播的发展，直播上的技术缺陷逐渐暴露出来。这些缺陷不仅会影响直播营销的最终成果，而且会影响互联网的安全。

（一）网络带宽的限制

直播画面的清晰度和流畅度与带宽有着密不可分的关系。然而现在大多数直播平台，时常会在直播的过程中出现流畅度的问题，也就是“卡顿”的现象。卡顿对于观众来说是非常不好的体验，甚至一些观众在视频卡顿的时候会选择退出直播间，进而造成直播平台流量的损失。因此，有些直播平台会选择“牺牲”画面的清晰度来“拯救”流畅度，把带宽集中在流畅度上，无视画面模糊的问题。但是，模糊不清的画质也会给观众带来糟糕的体验，在电视都在追求“超高清画质”的当下，画质模糊也会使流量大批流失。

唯一有效可行的就是拓宽带宽。但是拓宽带宽需要耗费大量的成本，并且伴随着观看直播人数的增多，带宽还要无限拓宽下去，这样会让直播平台渐渐入不敷出。大多数直播平台都会选择在现有的带宽之下，以削弱清晰度或者流畅度的方式，进行直播活动。

（二）直播监管技术缺陷

直播作为一种新型社交方式在互联网中迅速发展，但是部分直播平台为了更加快速地获取利益，开始利用打擦边球的方式来吸引互联网中的观众注意力。一部分主播为了吸纳粉丝，甚至自我“牺牲”播出一些毫无下限的、让人“三观尽毁”的内容。由于互联网本身在监管上就存在缺陷，因此在互联网基础上建立的直播平台也存在着同样的缺陷，这些直播中的黑暗面还是会源源不断地涌出。

我国国家互联网信息办公室在 2016 年 11 月 4 日发布了《互联网直播服务管理规定》，明确禁止互联网直播服务提供者和使用者利用互联网直播服务从事危害国家安全、破坏社会稳定、扰乱社会秩序、侵犯他人合法权益、传播淫秽色情等活动。2016 年 12 月初，广东一家英雄联盟（LOL）直播平台就因为“尺度过大”被封。

虽然国家的相关规定在一定程度上抑制了直播的“黑暗”，但是这种抑制却达不到彻底清除的效果。很多直播平台还是会在利益的驱使下靠打不法内容的擦边球来获取利益。特别是一些新兴的直播平台，为了在“百播大战”中快速吸取流量来稳固自己的地位，时常会忍不住使用这种打擦边球的方式，在极短的时间内获取巨大的流量市场。

直播的“黑暗”无法根除的主要原因，就在于直播监管上的缺陷。以现在的技术水平，如果想要监管直播，只有在直播全网播出之前进行人工审核。然而，如果要针对互联网中的每个直播都提前进行人工审核，则需要花费大量的成本才能实施，这些成本远远超过了直播平台能带来的利益。但是，在智能审核的技术上，由于直播的随机性，直到现在还没有出现任何系统可以有效地对直播内容进行过滤。

（三）受众渠道狭隘

目前，直播平台完全依托于互联网，直播的受众绝大多数也是当下的年轻群体。也就是说，直播这种全新的社交方式，对社会上一些不擅长使用智能终端的中老年群体“不友好”。这种“不友好”同时也限制了直播的受众，使直播大多限制在年轻人的群体中。

目前，社会上不擅长使用智能终端的中老年人获取信息的主要来源还是电视直播。电视目前依旧是人民群众依赖性最高的媒体工具，只要互联网直播能够与电视相结合，直播的受众渠道自然就打开了。但是直播明显还没有与电视相通的技术，直播只能利用网络信号进行观看，还无法做到与电视节目结合，因此直播丧失了一大批潜在受众。

除了以上三个方面的技术困局之外，直播还存在许多潜在的技术问题，如直播设备问题、画面滤镜问题、声音过滤问题等。这些问题在细节方面也影响着直播的质量，造成直播流量的流失。但是，伴随着科技的发展，无论是以上三个方面的主要困局还是这些细节问题，一定都会被逐一解决。

直播营销的流程

完整的思路设计是直播营销的灵魂，但是仅依靠思路无法有效实现营销目的，企业新媒体团队必须将抽象的思路具体化，以方案的形式进行呈现。

第一节 直播营销的策划

一、直播营销方案的必备要素

直播方案的作用是传达。在直播营销思路及目的敲定后，需要通过直播方案准确地表达，将核心思路传达到新媒体团队所有人及外部直播平台运营人、合作主播、摄像师等，如图 4-1 所示。

作为传达的过渡或桥梁，直播方案需要将抽象概述的思路转换成明确传达的文字，使所有参与人员，尤其是直播相关项目的负责人既了解整体思路，又明确落地方法及步骤。

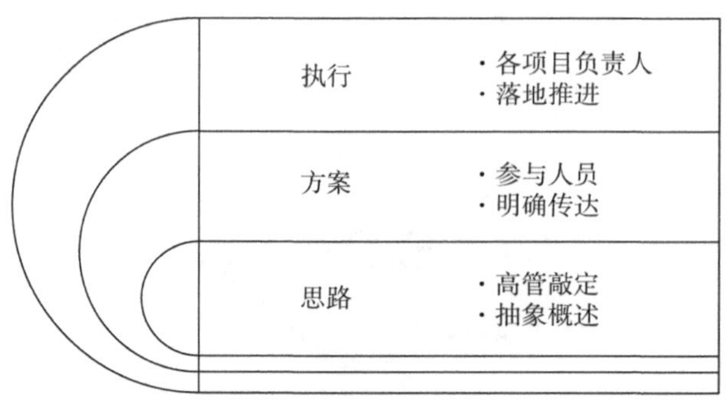

图 4-1　直播营销方案

由于直播方案一般用于企业内部沟通，目的是用最精练的语言让直播相关的所有人员熟悉活动流程及分工，因此没必要在时代背景、营销理念、实施意义等宏观层面花过多的笔墨，正文简明扼要、直达主题即可。

完整的直播方案正文，需要包括直播目的、直播简述、人员分工、时间节点、预算控制五大要素，如图 4-2 所示。

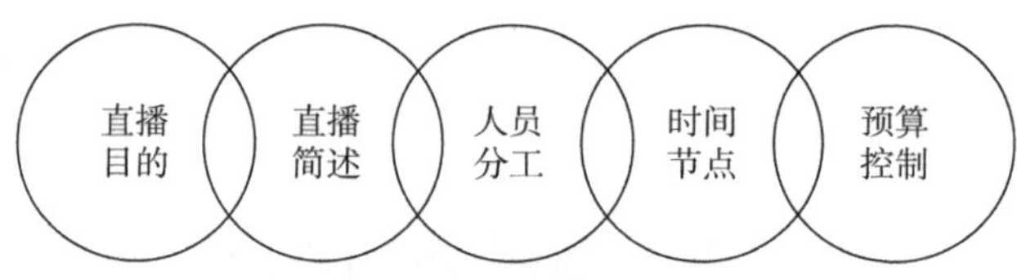

图 4-2　直播方案

（一）直播目的

方案正文首先需要传达直播目的，告诉团队成员，通过这场直播需要完成的销售目标、需要提升的口碑关键词、现场期望达到的观众数量等信息。

例如：春节将至，现在这段时间是老百姓采购年货的主要时间段。为了宣传我公司的春节新品套装，并在春节放假前将我公司天猫店销量提升至 6 000 万元，我们将于近期进行一场网络直播。

（二）直播简述

方案正文需要对直播的整体思路进行简要描述或以“一页 PPT”形式

展示，包括直播形式、直播平台、直播亮点、直播主题等。

（三）人员分工

直播需要按照执行环节对人员进行项目分组，包括道具组、渠道组、内容组、摄制组等。每个项目组的负责人姓名、成员姓名等，需要在方案正文中予以描述。

（四）时间节点

时间节点包括两部分，第一是直播的整体时间节点，包括开始时间、结束时间、前期筹备时间、发酵时间段等，便于所有参与者对直播有宏观印象；第二是项目组时间节点，方案正文清晰传达每个项目组的任务截止时间，防止由于某项目组在某环节延期而导致直播整体延误。

（五）预算控制

每一场直播活动都会涉及预算，新媒体团队整体预算情况、各环节预期需要的预算情况，都需要在方案正文中进行简要描述。当某个项目组有可能会出现预算超支的情况时，需要提前知会相关负责人，便于整体协调。

二、直播方案执行规划

直播方案的正文需要让所有参与直播的人员知晓，而直播方案的执行规划具有更强的针对性，需要各项目组参与者烂熟于心。直播方案的执行规划一般由项目操盘规划、项目跟进规划、直播宣传规划组成。

（一）项目操盘规划

项目操盘规划主要用来保障项目推进的完整性，主要以“项目操盘规划表”的形式出现。一个好的想法并不足以支撑方案的具体落地，为保证方案的落地并与最终直播目的契合，需要把好的想法系统化，以一个可视化、可监督跟进的形式展示出来，这就是项目操盘规划表，如表 4-1 所示。

表 4-1 项目操盘规划表

时间	6 月 1 日	6 月 2 日	6 月 3 日	6 月 4 日	6 月 5 日	6 月 6 日	6 月 7 日	6 月 8 日
	星期四	星期五	星期六	星期日	星期一	星期二	星期三	星期四
阶段	前期筹备			直播执行			后期发酵与传播	
场地								
直播硬件								
宣传								

（二）项目跟进规划

项目操盘规划在方案的整体推进上进行了大致安排，而项目跟进规划则在方案的执行细节上进行细化，明确在每个阶段的具体工作是什么、完成时间是什么、负责人是谁等。

为保障项目能够顺利进行，项目跟进规划需要设计项目跟进表，按照“一人一事跟进到底”的原则，有利于在项目执行中就某一版块通过该事项负责人进行全面了解，如表 4-2 所示。

表 4-2 项目跟进表

板块	内容	形式	发布平台	提交时间	提交方/审核方	前期准备				直播当天	后期宣传		
						1 日	2 日	3 日	4 日	5 日	6 日	7 日	8 日
场地													
直播硬件													
宣传													
人员协调													

项目跟进表的左侧“版块”为直播活动的所有版块，包括场地、硬件、宣传等；“内容”栏为版块的简要描述；“形式”栏可以标注项目形式，通常为文字、图片或视频；“发布平台”栏标出内容发布平台，包括直播平台、微博、微信、网络媒体等；“提交时间”栏需要写出任务截止时间，建议每项工作预留出一定时间，以便审核确认；“提交方/审核方”栏指该项内容的负责人；日期下方的色块即该项任务的推进时间。

项目跟进表的制定并非完全固定，在不改变制作项目眼进表目的的基础上，可根据具体需求进行表格调整，以满足项目跟进的需求。

（三）直播宣传规划

由于直播平台在线人数有限，为了达到更好的营销效果，在直播活动开始前，企业新媒体团队需要进行前期宣传，最好能实现“直播开始前就已经有网友进入直播间等候”的效果。

虽然直播前期有必要进行大力宣传，不过需要强调的是，宣传必须有针对性。企业营销直播与个人直播不同，追求的不是简单的“在线人数”，而是“在线的目标用户数”。如一款针对 0~1 岁宝宝的婴儿用品直播，必须想方设法吸引宝宝父母进入直播；如果单纯追求在线人数而吸引 5 万在校大学生观看，从营销目标的角度看没有任何价值。因此在直播前，需要设计有效的直播宣传，达到企业营销的目标。

设计直播宣传，可以借助三个关键点进行策划，宣传工作必须围绕关键点的交集进行设计，如图 4-3 所示。

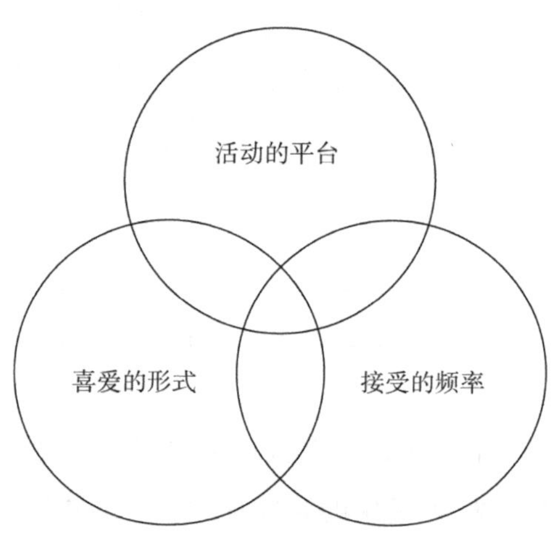

图 4-3　直播宣传设计

首先是活动的平台，即用户通常出现或活跃的平台。不同的网民在互联网上有不同的活动平台，如爱读书的人一般会在豆瓣分享读书心得，爱看小说的人喜欢在起点中文网浏览，碎片化时间比较多的人会利用很短的时间翻看朋友圈或阅读微博。新媒体的种类不下百种，而每种新媒体又包含大量的网站或账号，如果不在用户活跃的平台进行直播宣传，很有可能事倍功半。因此，设计直播宣传，企业新媒体团队要将研究用户经常活动的平台作为第一个步骤。

其次是喜爱的形式，即用户喜欢观看或阅读的新媒体形式。在形式喜好上，有的人喜欢看图片，有的人喜欢看文字，也有网民更喜欢看视频。新媒体团队需要在直播宣传的第二步对应不同的用户喜好，设计不同的宣传形式。如果用户喜欢看图片，那么可以设计九宫格图或有创意的信息长图；如果用户喜欢看文字，那么可以撰写干货文章或有趣的软文；如果用户喜欢看视频，那么需要拍摄或剪辑相关视频，便于用户浏览。

最后是接受的频率，即用户能承受的最大宣传频率。由于用户在上网时可选择的余地很大，因此过于频繁的刷屏推送，很有可能会被大量用户取消关注甚至拉入黑名单。在用户承受的最大宣传频率基础上，新媒体团队需要设计多轮宣传。例如，用户能承受“两天一次广告”的频率，那么新媒体团队可以在直播开始前 6 天、前 4 天、前 2 天、直播当天分别进行推送，以达到最优的宣传效果。

以上三个关键点的重合部分，即直播前期宣传规划，比如用户活动平台是新浪微博、用户的喜爱形式是短视频、用户接受的频率是一天一次宣传，那么新媒体团队可以将直播前期宣传表述为“以短视频的形式在新浪微博进行连续 6 天的宣传预热”，然后开始分工执行。

三、宣传与引流的六种方法

在理清直播宣传关键点后，新媒体团队需要将宣传与引流落实到具体的细节当中。

直播前期引流的细节执行主要包括两部分，第一是引流物料的筹备，包括图片、文字、H5 等；第二是引流渠道的组合，将引流物料布局在自媒体文章、视频网站、问答网站等。

引流物料包括海报、视频、H5、文案等，物料根据直播具体内容来设计，一般需在引流宣传开始前三天就绪。

常见的引流渠道或方法包括硬广、软文、视频、直播、问答、线下等。

（一）硬广引流

硬广即硬广告的简称。企业新媒体团队可以利用官方媒体平台，直接进行直播宣传推广。常见的官方媒体平台包括官方网站、认证微博、官方微信公众号等。由于官方媒体平台属于企业的自有媒体，因此可以直截了当地将直播时间、直播账号、参与嘉宾、抽奖与惊喜等详细列出，完整地告知粉丝，并邀请其传达给自己的好朋友。

（二）软文引流

与硬广告相比，软文突出一个“软”字。从用户角度，在标题、开头、正文等部分看不出任何广告的迹象，阅读到结尾后才能发现直播的宣传信息。

软文引流需要注意两个细节。第一是相关性，软文需要投放到目标用户活跃的平台或账号，否则推广效果就会大打折扣；第二是目的性，虽然是软文，但需要在文末引导用户点击直播间网址或下载直播软件。

（三）视频引流

视频之于文章，正如电视节目之于报纸。由于视频比文章更容易理解，降低了受众的认知门槛，因此越来越多的企业开始利用视频进行宣传推广。当前网民普遍生活节奏变快，没有一个小时以上的完整浏览时间，所以短视频尤其受到用户的喜欢。在新浪微博、今日头条等平台，优秀的短视频可以达到上百万甚至千万级曝光效果。

（四）直播引流

直播平台通常有“推送”“提醒”或“发布”功能，直播开始时，可以将直播消息直接推送给关注直播间的粉丝。因此，在直播开始之前，企业可以在同一直播平台进行预热，一方面鼓励观众关注直播间，积累原始粉丝；另一方面调试软件与硬件，争取在直播正式开始前达到最佳状态。

（五）问答引流

传统的问答网站包括百度知道、搜索问问等，用户可以在问答网站获得想知道的答案，企业也可以借助问答网站，友好地回答网友问题，同时为企业做宣传。除了以上传统问答网站外，知乎问答、头条问答、果壳问答等，也都可以作为企业宣传与引流的渠道。例如，手机新品推广的直播，在开始前可以在问答网站回复“请推荐一款好用的手机”“哪款手机屏幕比较大”等问题，在友好回复的同时宣传直播，引导网友前往直播间。

（六）线下引流

虽然直播营销属于新媒体营销的一部分，但传统渠道的引流效果也不容小视。如果企业有线下的渠道，如产品体验店、营业厅、线下门店等，完全可以借助线下渠道，以海报、宣传单等形式，宣传直播内容，引导线下消费者关注直播。

四、硬件筹备的三大模块

在直播方案撰写完成并传达到相关负责人后，直播营销进入分工筹备的阶段。为了确保直播顺利进行，首先需要对硬件部分进行筹备。直播前期的硬件筹备主要由场地、道具、设备三大模块构成。

（一）直播场地踩点

直播活动的场地分为户外场地和室内场地。

常见的户外直播场地有公园、商场、广场、游乐场、景区等。根据活动策划的需要，产品体验、街头采访、导购直播可以选择人流量充足的户外场地进行直播，增加直播节目的互动性；而户外直播，如粉丝见面会、真人秀游戏等适合户外封闭场地，避免活动进行过程中出现不必要的麻烦造成活动中止。

通常产品体验、产品演示、培训、见面会等直播内容比较适合在室内进行，常见的室内直播场地有办公室、咖啡馆、店铺、住所、发布会场地等。在室内场地进行直播前，为营造直播氛围并突出宣传产品，可以对室内进行简单装修。由于室内较为封闭，为保障直播质量，直播现场不宜出现较多围观群众，以避免直播时收录的杂音对直播造成影响。

进行场地筛选时，要优先选择消费者购买与使用产品频率较高的场所，以拉进与观众之间的距离，加深观看直播后的产品印象。与此同时，可以根据活动策划需要，根据人数、游戏内容、产品摆放等筛选场地。

当直播活动需要长时间占用场地时，场地负责人需要提前与场地管理方及相关部门进行沟通报备，确保直播时段场地顺畅使用。

与此同时，场地负责人需要了解场地在安保、硬件设备、场地面积、搭建规定等方面的要求，以防止直播当天因以上问题造成直播活动的中断。

另外，户外直播场地需要提前考虑当地的天气状况，一方面需要准备下雨、刮风等事件的防范措施，另一方面设计室内备用方案，避免在直播中遭遇极端天气导致直播延期。

（二）直播道具准备

直播道具由展示产品、周边产品及宣传物料三部分组成。

产品作为直播活动的主角，需要在直播的各个方面均有所展现，其中有直播时使用的产品、产品展示架，同时包括产品宣传海报、产品玩偶等一系列以产品为中心的物料。提前对场地进行考察和测量，有助于制作规范适用的产品物料。

直播中的宣传物料范围较广，包括企业定制化的海报、台标、胸卡、贴纸、气球等一系列能够出现在直播镜头中的宣传物料。

（三）直播设备筹备

直播设备是确保直播清晰、稳定进行的前提，在直播筹备阶段，需要对手机、电源、摄像头等设备进行反复调试，以达到最优状态。

目前直播的主流设备是手机，直播方在手机端安装直播软件，通过手机摄像头即可进行直播。当使用手机进行直播时，需准备至少两台手机，并且在两台手机上同时登录直播账号，以应不时之需。

虽然手机可以便捷移动并大大提高直播效率，但受手机电池电量、网络信号等因素制约，由此还需要借助直播辅助设备进行优化。

1. 电源

通过手机进行移动直播，这对手机续航能力是极大的考验，在进行正式活动直播前可通过直播进行测试，衡量某段时间的直播所耗费的电量。

便捷携带的移动充电宝是移动直播的必备电源，经实测，直播手机电量剩余 50%左右时就必须开始对手机进行充电，以剩余电量的续航时间换取充电时间，满足后续直播用电，保障直播不因电量原因而中断。

个别情况下可以携带插线板，为移动充电宝进行充电或在固定机位进行直播时对直播手机进行快速充电。

2. 无线网络

无线网络的网络速度直接影响直播画面质量及观看体验。

室内直播时，若室内有无线网络且连接设备较少，网络质量较佳，可以选择使用室内网络进行直播。在正式直播前，要对直播所用手机进行测试，当无线网络不满足直播需要时，要提前发现并解决网络问题。

在户外进行直播时，无线网络往往无法满足直播需求。此时需要购买“流量卡”支持网络需求，“流量卡”与手机卡相似，可以直接插入手机使用，或购买移动 Wi-Fi，把“流量卡”放入“移动 Wi-Fi”设备中。发射无线网络热点，直播所用手机连接无线网络热点进行直播。

目前一场持续一个小时的直播约需要 500 MB 流量。

3. 支架

直播支架包含固定机位直播支架和移动机位防抖直播支架两种。固定机位直播支架又包含单台手机及多台手机固定机位支架。单台手机直播时，可以使用如三脚架、懒人手机支架；多台手机直播时，可以使用多平台直播支架，可支持 5 台以上手机同时直播。

对于主播而言，长时间手持手机进行直播并不实际，手机直播时的抖动会对观看效果造成影响。目前市场上仅支持单台手机的设备防抖处理。

关于移动机位防抖，可以使用手持手机稳定器，或手机防抖云台进行防抖处理，三轴防抖效果最好。

4. 补光灯

直播时多使用前置摄像头进行直播，在暗光环境下进行直播时并不能取得较好的观看效果。因此需要对主播进行补光。

补光灯建议使用支持冷光和暖光两用类型的灯，同时打开冷光和暖光，避免因冷光造成的皮肤过白或因暖光造成的皮肤过黄的现象。

直播用补光灯非常小巧，方便携带使用；而自带电源的补光灯免手机电源驱动，使用更加便捷，但直播用补光灯并非专业设备，补光效果仅限 1 米左右，在进行大型活动直播补光时，还需使用专业补光灯。

5. 收音

即便是在安静的环境下，直播手机距离主播越远，手机的收音效果也会越差；如果是在嘈杂的环境下，距离一米以上就需要外接收音设备来辅助收音。

收音设备分为两种，第一种是蓝牙耳机无线收音，随着越来越多的直播应用支持蓝牙耳机功能，可以使用蓝牙耳机进行辅助收音；第二种是外接线缆收音，适合对多人进行采访时使用。

6. 提词

直播活动的及时性要求在直播中不能出现任何差错及穿帮行为，在直播过程中，想要向主播提示某些关键词时，就需要提词器来配合提词。

提词内容包括产品关键信息、抽奖信息、后续活动信息和向其他平台导流的台词等。一场直播内容较多，主播要讲的内容也非常多，不做提词难免会在直播中遗漏关键信息。

提词器包括主播手卡和白板。手卡中需提前填写直播中需要主播讲出的信息，其中有产品名字、构成成分、使用人群、优惠活动、抽奖规则等。白板为手写板，尺寸不宜过大，白板不会出现在直播中，其用途为在直播过程中，当需要对主播进行场外沟通而又不方便出现在直播镜头中时，可以将沟通内容通过手写板向主播传达。

7. 相机

相机并不出现在直播中，但是直播活动的宣传需要高清大图，因此需要使用专业相机来拍照；同时专业相机可以对现场进行视频录制，以便后期剪辑视频进行宣传。

相机方面推荐使用单反相机，若需要录制视频并后期剪辑，至少需要两台单反相机，方便固定机位全程录制、移动机位随机录制以及拍照。

以上七条准备工作包含大量直播所需的设备物料，部分设备可以通过电商平台搜索相应关键词，根据直播实际需要进行采购。

五、直播平台设置与软件测试

硬件调试的同时，新媒体团队需要对直播网站、直播软件等进行初步设置及反复测试，以免由于操作不熟练或软件自身问题而在直播现场出现失误。

（一）直播平台设置

企业直播活动，在平台端可以有两种实现形式：第一是自建直播间，通过企业官方自建账号进行直播；第二是入驻直播间，企业本身不注册直播账号，而是在主播所建的直播间进行直播。

通过官方自建账号进行直播的优点在于每一次直播都有粉丝互动与关注，持续运营可以不断积累粉丝；其劣势是前期没有粉丝沉淀，较难形成粉丝聚集效应，要在第一次直播就达到高曝光量或高销售量只能通过其他平台或资源位置的引流。

入驻直播间的优点是在直播开始就能带来较高的粉丝覆盖，借助主播原先的粉丝积累就可以第一时间获得较高的直播人气，但不利于品牌方做长期粉丝沉淀。

在自建直播间与入驻直播间中选择时，企业可以根据对直播营销的战略规划进行选取。如果企业打算将直播纳入其新媒体战略，定期开展直播营销，那么最好自建直播间，不断积累粉丝；如果企业只计划进行一两次直播，则没必要自建，入驻现成的直播间即可。

未经设置的直播间，网友在进入后无法直观地了解直播内容，很容易造成粉丝流失的情况。为了提升观众的留存率、减少现场跳出率，在选择直播间类别后，企业新媒体团队需要对直播间封面、直播第一幕画面进行设置，以满足直播需求。

1. 直播封面信息设计

直播封面是观众进入直播前了解直播内容的窗口，尤其是直播活动与直播平台方有推广合作时，直播开始前直播封面就出现在直播平台显眼位置，为直播活动做预告，拉升直播活动关注度。

直播封面中信息包括直播主题、直播时间、直播产品名、主播等，具体可以根据直播平台规则及活动需求进行设置，以达到能够让观众准确地抓住直播的核心信息的目的。

2. 直播第一幕画面

保持直播封面与直播第一幕画面的相关性，防止观众看到封面进入直播后发现内容与封面无关而产生心理落差，直播第一幕画面尤为重要，不专业的直播在前几分钟总是显示与内容无关或不和谐的杂乱场面，对于观看回放的观众而言，缺少有吸引力的直播镜头，往往会直接离开直播间。作为品牌方进行直播，切忌出现此类问题。

保持直播封面与直播第一幕画面的相关性，其中包含主播妆容与穿衣风格保持一致，封面图色调与直播场地装修保持一致。

（二）直播软件的测试

在直播开始之前，企业新媒体团队需要对直播软件进行反复测试，确保熟练操作、不发生操作失误。

直播软件的测试主要由两部分组成，第一是主办方视角。熟悉直播开始按钮、镜头切换方法、声音调整方法等操作；第二是观众视角，新媒体团队需要以个人身份注册直播账号，进入直播间观看，从普通观众的角度观察直播界面；如果发现问题需要及时优化。

观众视角测试比较简单，进入直播间后看画面、听声音、发弹幕，都没有问题，就可以结束。而主办方视角涉及相关操作，需要反复操作，做到熟练为止。

现阶段比较火的直播网站包括花椒直播、映客直播、一直播等。

第二节 直播营销的实施

一、直播活动的执行模型

常规的直播活动通常比较随意，只是简单地对着摄像头聊天（如户外真人秀、室内直播）或进行计算机屏幕分享（如游戏直播、比赛直播等）。这类直播活动完全以主播的随意聊天和随机应变为主，没必要进行专门的开场、互动、结束等设计与策划。而企业直播除了主持人的随机应变之外，还需要进行相关的设计与演练，以达到营销预期。

从整体上看，直播营销包括直播前的策划与筹备、直播中的执行与把控、直播后的传播与发酵三大模块。不过这三大模块只是直播营销的整体思路，在细节层面每个模块又可以继续拆分与细化。本节的直播活动实施与执行，正是对以上第二个模块“直播中的执行与把控”进行延展。直播活动的执行需要将执行环节紧扣营销目的，同时营销目的需要围绕效果预期来设定，具体的执行模型，如图 4-4 所示。

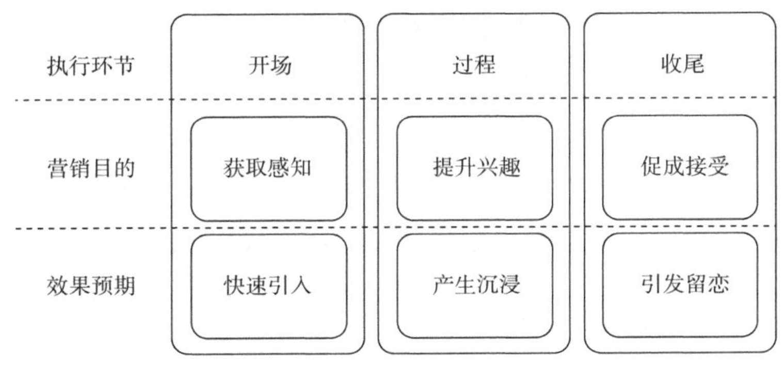

图 4-4 直播营销执行图

企业的营销目的紧扣目标用户展开，直播营销也不例外。网友购买一款产品，不会看到广告就直接下单，而是分为三个步骤：

第一步，刚接触时初步认识；

第二步，逐步产生兴趣；

第三步，认可产品或企业理念，购买产品并推荐给其他人。

直播活动的营销目的也需要采取以上三个步骤，在第一步帮助观众获取感知，在第二步逐步提升观众兴趣，在第三步促成观众接受理念，即以上执行模型中的获取感知、提升兴趣、促成接受。

到了直播活动的执行层面，通常包括开场、过程、收尾三个环节。直播运营团队需要将以上“获取感知、提升兴趣、促成接受”的营销目的友好地植入执行环节。开场的主要营销目的是获取感知，需要利用开场让观众第一时间了解这场直播的内容、形式、组织者等信息；直播过程中的营销目的是提升兴趣，一方面使观众对直播本身产生兴趣，另一方面使观众对直播所倡导的理念、所推荐的产品提升兴趣；直播收尾的营销目的是促成接受，好的收尾能够起到“画龙点睛”的作用，让观众接受企业产品、喜欢企业品牌、并在其他自媒体平台上也追随企业产品。

直播活动的效果预期，依然围绕“获取感知、提升兴趣、促成接受”的营销目的。一场好的直播，需要在第一时间将观众引入直播场景（快速引入）；接下来利用过程中的内容与互动，让观众喜欢本场直播、在直播间停留（产生沉浸）；最后在收尾时，让观众产生依依不舍的感觉，发出“这么快就结束了，还没看够呢”“我去哪里能继续看呢”“产品不错，我要买一个”等感慨（引发留恋）。因此，从效果预期角度继续设计执行模型，直播执行需要带给观众“引入、沉浸、留恋”的心理体验变化。

通过以上执行模型不难看出：直播活动的执行，就是将企业营销目的友好地植入开场、过程、结尾三大环节，从而达到预设的效果预期。

二、直播活动的开场技巧

（一）直播开场设计的五大要素

无论你准备了多少直播内容，如果没有一个好的开场，那所有的工作都可能事倍功半，甚至劳而无功。因此，直播的开场是至关重要的。开场是直播留给观众的第一印象，观众进入直播间后会在 1 分钟之内决定是否要离开。

直播间观众会根据开场进行判断：这场直播会不会有趣，这个主持人是不是很幽默，要不要参加这次直播。

平淡无奇甚至让人厌恶的开场，通常会让网友马上关闭页面，因此一定要做好开场设计。直播活动的开场设计需要从五个层面出发。

1. 引发观众兴趣

直播开场时的观众来源分为两部分：第一是前期宣传，通过直播开始前微博、微信等自媒体平台宣传，粉丝会点击链接来到直播间，作为第一批观众；第二是平台流量，在该直播平台随意浏览的网友，看到有趣的直播会点击进入。

主播需要利用语言、道具等，充分调动观众的积极性。

2. 促进观众推荐

前期宣传及平台流量带来的观众是有限的，甚至一部分观众会因为临时有事、网络故障等情况退出，因此在开场时，主播需要主动引导观众邀请自己的朋友加入直播间，促进直播间的持续火爆。

3. 带入直播场景

观看一场直播，观众所处环境各不相同，有的正在办公室加班，有的在宿舍上网，也有的在赶往飞机场的路上。主播需要利用开场，第一时间将不同环境下的观众带入直播所需的场景。

4. 渗透营销目的

直播营销属于营销活动的一种形式，但本质上都需要达成相应的营销目的。在开场时，主播可以在三部分进行渗透：

第一，将企业广告语、产品名称、销售口号等穿插植入台词中；

第二，充分利用现场的道具（产品、旗帜、玩具、吉祥物等）对企业品牌进行展示；

第三，提前声明利他的营销信息（特价产品、独家链接等），促成销售。

5. 平台资源支持

各大直播平台通常会配备运营人员，对资源位置进行监控与设置。资源位置包括首页轮转图、看点推荐、新人主播等。

除事先购买广告位置的资源位置外，一部分资源位置会安排给当日直播表现好、口碑佳的直播间。因此，利用开场迅速积累人气并引导互动，会带来可能的资源位置，从而更快聚集直播间粉丝。

（二）直播活动的开场形式

常见的直播活动开场包括以下六种形式。

1. 直白介绍

你可以在直播开场时，直接告诉观众直播相关信息，包括主持人自我介绍、主办公司简介、直播话题介绍、直播大约时长、本次直播流程等。一些吸引人的环节（如抽奖、彩蛋、发红包等）也可以在开场中提前介绍，促进观众留存。

如某 3 人篮球赛决赛直播，开场可以是："大家好！欢迎来到由××公司赞助的户外篮球直播，我是主持人倩倩。现在我们正在北京市工人体育场，为大家带来大约一个半小时的直播。比赛马上就要开始了，会有 8 支 3 人篮球队参与，先获得 15 分者就算胜出。在比赛结束后，我们会邀请冠军球队在直播间抽取 3 位幸运观众，你们将获得由××公司提供的篮球服一套。欢迎大家持续关注！"

2. 提出问题

开场提问是在一开始就制造参与感的好方法。一方面，开场提问可以引导观众思考与直播相关的问题；另一方面，开场提问也可以让主播更快地了解本次观众的基本情况，如观众所处地区、爱好、对于本次直播的期盼，如某心理研究分享直播，开场可以是："大家好，欢迎来到××的直播间！不知道大家有没有遇到过一些奇怪的事情，如当你剪了头发的时候，你发现满大街都是短头发的女孩；当你怀孕后，感觉身边好多人也都怀孕了；你不坐公交车的时候经常会遇到公交车，你去坐公交等车的时候它又不来了……如果你遇到过这些事儿，不妨在弹幕里打一个'1'告诉我。

类似的事情，你还遇到过哪些呢？大家也可以在弹幕发出来，咱们一起看看还有多少这样的事情。”

3. 抛出数据

数据是最有说服力的。直播主持人可以将本次直播要素中的关键数据提前提炼出来，在开场时直接展示给观众，用数据说话。特别是专业性较强的直播活动，可以充分利用数据开场，第一时间令观众信服。

不过需要注意的是，直播开场的数据必须真实可靠，否则会引发观众对于直播真实性的质疑。目前各大直播平台均具有弹幕功能，且直播主持人无法选择或设置禁言，一旦主持人抛出的数据有误，会直接导致直播间观众利用弹幕质疑，数据反而会带来负面的影响。

如某理财直播，开场可以是：“欢迎大家来到我们的直播间！今天我们要和大家聊的是基金理财。不少人都遇到这样的情况：每个月工资 5 000 多元、生活花销 4 000 多元，按理说到了年底能攒下万把块钱，可是到了年底却发现自己没攒下什么钱；更麻烦的是，工作了五六年，几乎还是月光。实际上，每个月拿出 500~1 000 元钱去购买一些基金理财产品，你完全有可能在工作五六年的时候，靠理财理出人生中的第一个 10 万元。同样的工作、同样都干了 5 年，账户里的资金却是 0 元和 100 000 元的区别。具体怎么做？大家可以关注我们的这次直播。”

4. 故事开场

我们从小就爱听故事，直播间的观众也不例外。相对于比较枯燥的介绍、分析，故事更容易让不同年龄段、不同教育层次的观众产生兴趣。

通过一个开场故事，带着听众进入直播所需场景，能更好地开展接下来的环节。

如某公益活动直播，开场可以是：“欢迎大家来到我们的直播间！有这样一个故事，一个生命垂危的病人从房间里看见窗外的一棵树，在秋风中树叶一片片地掉落下来。病人望着眼前的萧萧落叶，身体也一天不如一天。她说：‘当树叶全部掉光时，我也就要死了。’一位老画家得知后，用彩笔画了一片叶脉青翠的树叶挂在树枝上。最后一片叶子始终没掉下来。

只因为生命中的这片绿，病人竟奇迹般地活了下来。今天我们要做的这次公益活动，也是要去帮助一些孩子，帮他们挂上一片一片的树叶，让他们看到希望。”

5. 道具开场

主持人可以借助道具来辅助开场。开场道具包括企业产品、团队吉祥物、热门卡通人物、旗帜与标语、场景工具等。

其中，场景工具根据直播内容而定，如：趣味拍卖直播，可用拍卖槌作为场景工具；知识分享直播，可以借助书籍作为场景工具；户外运动直播，可以加入足球、篮球等作为道具。

如某户外旅行直播，开场可以是：“大家上午好！我现在正在青岛××小动物乐园，为大家带来这场直播。我刚才路过小羊、小狗、小鸡的住处，现在来到了鸽子乐园。哇，你看，好多鸽子围着我啊！来，我们一会儿把摄像头对着这只可爱的鸽子，让鸽子和我们直播间的观众打个招呼吧！”

6. 借助热点

上网的人，尤其是参与直播的观众，普遍对于互联网上的热门事件和热门词汇有所了解。直播开场时，主持人可以借助热点，拉近与观众之间的心理距离。

如某美食直播，开场可以是：“大家好！这两天有一条新闻特别火：美国的鲤鱼泛滥，个头非常大，破坏了当地水域生物链。为解决鲤鱼泛滥的问题，美国密歇根州自然资源部悬赏 100 万美元寻求解决之道。有中国网友感慨：‘很简单，吃呗！’那么，鲤鱼怎么做才更好吃，而且更有营养呢？今天我就来教大家一种鲤鱼的新做法。”

三、直播互动的五种玩法

（一）直播互动四象限

与传统的电视直播相比，互联网直播更具参与感。观众可以发弹幕与主持人互动，参与评论或质疑；同时，主持人也可以根据弹幕内容与网友互动。毫无互动性的直播，会导致观众流失，直播效果自然受影响。

直播活动中的互动，由发起和奖励两个要素组成。其中，发起方决定了互动的参与形式与玩法，奖励则直接影响互动的效果。直播活动的互动分类，如图 4-5 所示。

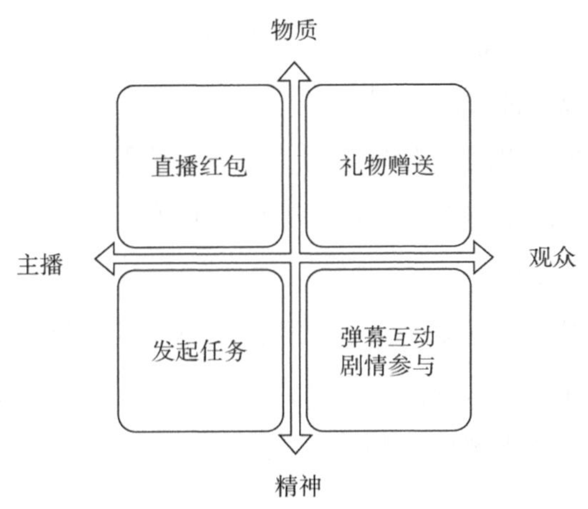

图 4-5 直播活动互动分类

图 4-5 所示的横轴为发起轴、纵轴为奖励轴。由发起轴与奖励轴分隔出的四个象限，包含了直播互动的四大类玩法。

第一象限（右上角区域）代表观众发起互动，以物质作为奖励。即观众通过直播平台的礼物系统，送给主播礼物，礼物形式根据平台而定，包括“火箭”“跑车”“玫瑰”等。

第二象限（左上角区域）代表主播发起互动，以物质作为奖励。主要以直播红包的形式，现场赠送红包或抽奖后快递寄送等价礼物。

第三象限（左下角区域）代表主播发起互动，以精神作为奖励。主播可以在直播中邀请观众一起完成某项任务，完成后统一授予称号、截图感谢，或口头念出观众名字予以感谢。

第四象限（右下角区域）代表观众发起互动，以精神作为奖励。在直播中通过弹幕参与讨论，通过共同制定剧情参与直播下一步发展，都代表观众对于主播或主办方的支持，良性的参与及互动对直播活动大有裨益。

（二）直播互动的具体玩法

常见的直播互动包括弹幕互动、剧情参与、直播红包、发起任务、礼物赠送。

1. 弹幕互动

弹幕，即大量以字幕弹出形式显示的评论，这些评论在屏幕上飘过，所有参与直播的观众都可以看到。

传统的弹幕主要出现在游戏直播、户外直播等纯互联网直播中，目前已经有直播平台尝试参与电视直播，与体育比赛、文艺演出等合作，进行互联网直播及弹幕互动。

在亚洲杯中国队小组赛中，斗鱼直播进行了互联网直播尝试，比赛期间每场的平均观看人数保持在 100 万人左右，尤其是“中国 VS 沙特”那场比赛，在中国队员进球的一瞬间，全屏的弹幕“66666”也表达出了观众的激动之情。

目前直播弹幕主要包括两类：第一类是网友相互之间的评论，如“支持刚才这个朋友说的”“给刚才这条弹幕点赞”“说得对，我们北京人喜欢吃这个”等，主播对这类弹幕无须处理；第二类是网友与主播之间的互动，如“能介绍一下台上都坐着什么人吗”“一会儿该抽奖了吧，主播”等，这类弹幕需要主播与其及时互动，幽默地回应网友提出的质疑，或详细地帮助网友解答相关问题。

2. 参与剧情

这类互动多见于户外直播。主播可以邀请网友一起参与策划直播下一步的进展方式，增强观众的参与感。并邀请观众参与剧情发展，一方面可以使观众充分发挥创意，令直播更有趣，另一方面可以让被采纳建议者获得足够的尊荣感。

3. 直播红包

为了聚集人气，主播可以利用第三方平台进行红包发放或等价礼品发放，与更多的观众进行互动。

直播红包的发放步骤分为以下几步。第一步：约定时间。主播可以告诉观众“5 分钟后我们会发红包”“20：00 咱们准时发出红包”，一方面通知在场观众抢红包时间，另一方面暗示观众邀请朋友加入直播等待红包，促进直播人气。第二步：平台说明。除在直播平台本身发红包外，主播可以选择支付宝、微信、微博等平台作为抢红包平台，提前告知观众。这一步的目的是为站外平台引流，便于直播结束后的效果发酵。第三步：红包发放。到约定的时间后，主播或其他工作人员在相应平台发红包。在红包发放前，主播可以进行倒计时，让“抢”红包更有氛围。

除了红包外，主播可以用礼物的形式回馈观众，同样可以达到良好的互动效果。

4. 发起任务

直播中发起任务，类似“快闪”活动，即在一个指定的版块，在相同的时间，同时做一系列指定的行为，然后迅速离开。在现实生活中，个人力量有限，但一群人一起做一件事，可以迅速成规模，在引起他人注意的同时满足自我的成就感。

在直播中可以发起的任务包括：

（1）建群快闪，邀请观众共同进入一个 QQ 群，在群内喊出自己不敢说的话，直播结束后此群解散；

（2）占领留言区，邀请观众共同在某论坛的帖子下方或微信公众号评论区留言；

（3）晒出同步动作，号召粉丝一起做出相同的动作，随后大家分别晒在社交网站，等等。

5. 礼物打赏

在直播过程中，出于对主播的喜爱，观众会进行礼物赠送或打赏。

无论斗鱼直播、熊猫直播还是花椒直播、映客直播等平台，“感谢打赏”已经成为默认的规矩。只顾着自己说话或与观众聊天，对打赏无动于衷的主播，会被观众打上“没礼貌”“不懂规矩”的标签。

在以营销为目的的直播中，主播形象与企业形象挂钩，较差的主播形象会直接影响到企业形象。因此，有观众送上“跑车”“游艇”“火箭”

等礼物时，主播需要在第一时间读出对方昵称、予以感谢。

四、直播收尾的核心思路

常规的直播通常不会有太多的营销目的，展示主播的游戏才华、日常生活、搞笑语言等即可，对直播结束的设计无特定要求；而企业直播则需要以结果为导向，通过直播达成营销目的，实现品牌宣传或销售转化。

直播现场的营销效果取决于开场的吸引程度及进行中的互动程度；直播结束后的营销效果则取决于收尾的引导程度。

直播结束后，需要解决的最核心问题即流量问题——无论现场观众是过十万人还是过百万人，一旦直播结束，观众马上散去，流量随之清空。为了利用直播现场的流量，在直播结束时的核心思路就是将直播间的流量引向销售平台、自媒体平台和粉丝平台三个方向，如图 4-6 所示。

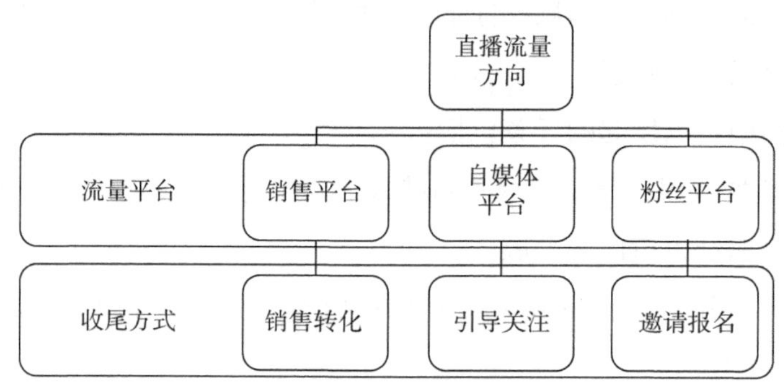

图 4-6　直播核心思路图

（一）销售转化

流量引导至销售平台，从收尾表现上看即引导进入官方网址或网店，促进购买与转化。

通常留在直播间直到结束的观众，对直播都比较感兴趣。对于这部分网友，主播可以充当售前顾问的角色，在结尾时引导观众购买产品。

如某电商平台直播，收尾可以是：“感谢大家来到我们的直播间！一会儿直播结束后，大家可以找到我们的在线客服，告诉她一段暗语，她会引导你以 9 折的价格买到我们已经下架的爆款 U 盘——就是大家开场弹幕问过我的那一款，现在已经卖到脱销，只剩下库存的一小部分了，可以作为今天直播间的小福利。这段暗语是××，大家千万别打错字了啊！拜拜了各位!”

不过需要注意的是，销售转化要有利他性，能够帮观众省钱或帮观众抢到供不应求的产品；否则，在直播结尾植入太过生硬的广告，只会引来观众的弹幕。

（二）引导关注

流量引导至自媒体平台，从收尾表现上看即引导关注自媒体账号。在直播结束时，主播可将企业的自媒体账号及关注方式告诉观众，以便直播后继续向本次观众传达企业信息。

如某商场开业直播，收尾可以是：“今天的直播就到这里。欢迎大家关注我们的微信公众号××，以后最新的打折和新品信息都会通过这个公众号发出来。对了，关注之后回复‘惊喜’两个字，你会获得一张 50 元代金券，来商场购买衣服的时候可以直接减免 50 元钱了。记得告诉你的亲戚朋友，一起省钱啦！再次感谢大家!”

（三）邀请报名

流量引导至粉丝平台，从收尾表现上看即告知粉丝平台加入方式，邀请报名。在同一场直播中积极互动的网友，通常比其他网友更同频，更容易与主播或主办单位“玩”起来，也更容易参加后续的直播。这类观众，可以在直播收尾时邀请入群，结束后通过运营该群，逐渐将直播观众转化成忠实粉丝。

五、直播重点与注意事项

与互联网录播节目或网络视频不同，网络直播完全即时地呈现在观众面前，任何不当的动作或不合时宜的语言，都会被观众直接看到，严重者会引起弹幕刷屏。虽然你已经在直播前进行了硬件调试、软件测试，你的团队也策划好了直播整体流程与各环节话术，但并不是有了筹备就万事大吉。直播活动不是一次生硬的演讲，照着直播策划书“念稿子”会引发网友退出直播间，直接影响直播效果。一场好的直播活动，需要做好两方面的平衡：一方面是前期策划，主播需要按照策划好的流程与台词去完成直播；另一方面是观众互动，主播需要友好地引导网友参与直播环节。在直播进行中，有三方面需要特别注意。

（一）反复强调营销重点

一场晚会或一次球赛，现场观众在开始前就已落座，重点部分在开场点明即可。但网络直播随时会有新人进入，主播需要在直播进行中，反复强调营销重点。

在直播进行中可以强调的营销重点，如表 4-3 所示。

表 4-3　营销重点类别

类别	营销重点
介绍	主播介绍、主办单位介绍、现场嘉宾介绍、产品介绍等
关注	引导关注直播间、微信公众号、微博等
销售	现场特价产品、观众专属商品、近期促销政策等
品牌	邀请点赞、邀请转发、邀请点评等

（二）减少自娱自乐，增加互动

直播不是单向沟通，观众会把自己的感受通过弹幕发出来，且希望主播予以回应。一个只顾自己侃侃而谈、不与网友及时互动的主播，通常不会太受观众欢迎。

刚接触直播的新人，往往会过于关注计划好的直播安排，担心直播没有按照既定流程推进，从而生硬地结束一个子话题、进入新话题。实际上，几乎没有百分之百按照规划完成的直播活动，任何直播都需要在既定计划的基础上随机应变。

为了带着观众跟随自己进入直播环节，主播需要多利用过渡性的语言进行引导。如："关于这个话题，咱们就讨论到这儿吧，大家觉得呢？接下来我会让大家大吃一惊，大家想看吗？想看的请用'1'告诉我吧！""今天时间有限，我们再挑选3条弹幕问题进行回复吧！3条之后，我们一起进入下一个环节。""看到大家还在热情地刷弹幕，太感谢大家的捧场了！不过我们的比赛马上就要结束了，10分钟后大家一起来看看谁是第一名吧！"

（三）注意节奏，防止被打扰

直播进行中，网友的弹幕是不可控的，部分观众对主播的指责、批评无法避免。如果主播过于关注负面评价，就会影响整体的直播状态。

在直播进行中，主播需要有选择性地与网友互动：对于表扬或点赞，主播可以积极回应；对于善意的建议，主播可以酌情采纳；对于正面的批评，主播可以幽默化解或坦荡认错；对于恶意漫骂，主播可以不予理会。

直播活动全场的掌控者是主播，因此主播必须注意直播节奏，避免被弹幕影响，特别需要避免与部分观众现场争执而拖延直播进度。

第三节 直播营销的发酵

一、直播传播计划拟订

一场完整的直播活动，包括直播前的策划与筹备、直播活动的开展，以及直播结束后的发酵。因此，当主播与观众告别后，直播相关的工作并未结束。企业新媒体团队需要在直播网站以外的微博、微信、论坛等平台继续宣传，将直播效果放大。

直播结束后，可以对直播进行图片、文字、视频等多维度传播。无目的地传播会导致传播不聚焦，因此在进行传播工作前，需要先按照传播步骤，制订传播计划，以保证传播的有效性和目的性，如图 4-7 所示。

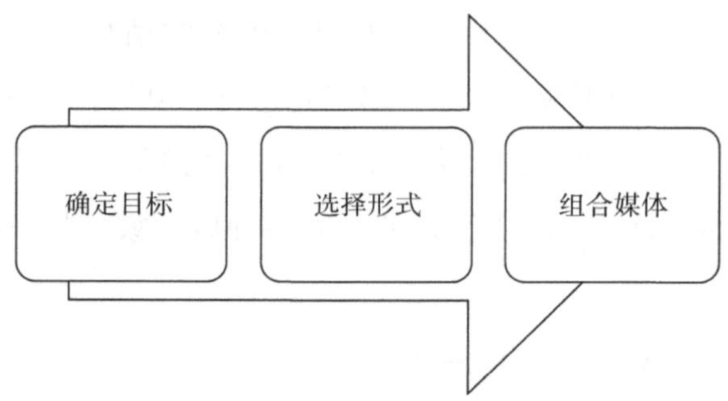

图 4-7　直播前引流图

直播活动的传播计划包括确定目标、选择形式、组合媒体三部分。目标的确定是直播后续传播的基础，否则就算是制作出精美的视频或引人发笑的表情包，也不会达到预期的目的。直播传播的目标通常包括提升产品销量、加强产品知名度、提升产品美誉度、促进品牌忠诚度等。直播传播的目标不是独立的，而是与企业整体的市场营销目标相匹配的。

确定目标后，接下来需要选择传播形式，即以何种形式出现在网友面前。目前常见的传播形式包括视频、软文、表情包三种形式。这三种形式可以独立推广，也可以组合后，以“视频+表情包”“软文+表情包”等形式进行网络推广。

敲定传播形式后，需要对媒体进行组合。不同的传播形式所需求的媒体平台各不相同，如表 4-4 所示。

表 4-4　不同传播形式下的媒体组合

传播形式	媒体组合	媒体示例
视频	自媒体+视频平台	官方微博、官方公众号、优酷等
软文	媒体+论坛	知乎、百度贴吧等
表情包	自媒体+社群	官方微博、微信公众号、微信群、QQ 群等

完成以上“确定目标”“选择形式”“组合媒体”的思路整理后，企业新媒体团队需要将直播后期传播工作细化到人、精确到时间，并设计表

单进行整体推进，表单与第三章的“项目推进表”一致。

思路整理与细节推进都策划完成后，直播营销的传播计划就可以开始执行了。

二、直播视频剪辑与传播方式

在线直播只能在规定时间内参与，未及时参加的网友无法在直播后了解直播的内容与理念。因此，在直播结束后，企业新媒体运营团队需要将直播内容整理，并推送到其他平台。

目前网民的浏览需求已经由“无图无真相”过渡到“无视频无真相”，通过视频的形式把直播活动推广出去，是直播发酵与传播的最佳方式之一。

视频推广包括思路确定、视频制作、视频上传、视频推广四个步骤。

（一）思路确定

直播活动后的视频传播为全程录播、浓缩摘要、片段截取三种思路。

企业新媒体团队需要在视频传播前敲定视频编辑思路，以便进行相应的实施与推广。

1. 进行时间较短（30 分钟以内）且全程安排紧凑的直播，可以采用全程录播的视频制作思路，将直播的全程录像作为视频主体。除此之外利用片头与片尾对直播名称、参与人员等进行简要文字介绍即可。

2. 进行时间超过 30 分钟且存在大量等候内容（如体育比赛暂停时间、晚会候场等待时间等）的直播，可以采用浓缩摘要的思路，录制旁白作为直播摘要或解读，整体与电视新闻相似。如一场新品发布会直播结束后，可以单独制作浓缩摘要式视频，利用旁白进行直播解读：“×月×日上午，北京××公司进行了新品发布会。发布会上，公司研发经理详细讲解了新品的主要功能（插入直播视频中的研发经理片段）；随后公司邀请了歌手××进行表演（插入直播视频中的表演片段）……”

3. 整体特色不大、仅一小部分有趣的直播，可以采用片段截取的视频制作思路，仅截取与拼接直播中“好玩”“温暖”或“有意义”的片段，其他片段不予处理。

（二）视频制作

手机视频可以使用 VUE、美拍大师、快手等软件直接编辑；PC 端的直播视频可以利用格式工厂、爱剪辑、会声会影等软件实现剪辑、格式转换等功能。

具体使用方法可以在软件官网查看，或在百度搜索“某软件使用方法”，进行学习与操作。

（三）视频上传

视频制作完成后，可以上传至视频网站，便于网友浏览。目前可供上传的视频网站包括优酷网、爱奇艺、土豆网、搜狐视频、乐视视频、凤凰视频、腾讯视频、新浪视频、哔哩哔哩、抖音等。

在视频上传之前，需要阅读网站的上传注意事项，特别是网站对于视频大小、视频格式、视频清晰度、视频二维码等内容的限制，防止因违反网站规定而无法上传或审核不通过。

现阶段各大视频网站对于视频的基本规则限制，如表 4-5 所示。

表 4-5　主流视频网站的基本规则限制

网站名称	格式要求	大小限制	最短时长
优酷	WMV、avi、dat、rm、rmvb、3gp 等	≤15 G	≥15 秒
爱奇艺	avi、f4v、wmv、asf、rmvb、mpeg 等	≤10 G	≥3 秒
搜狐视频	asf、rm、rmvb、mpg、mpeg、mod 等	≤2 G	≥3 秒
腾讯视频	mp4、flv、f4v、m4v、mov、3gp 等	≤4 G	≥1 秒

（四）视频推广

为了使网络直播活动效果持续发酵，需要进行视频推广，以便更多网友点击查看视频。网友浏览互联网视频，主要通过视频网站推荐、主动搜索、自媒体平台推送三种途径。针对视频的推广，也是围绕这三种途径去开展。

1. 视频网站推荐

视频网站首页、内页通常有推荐栏目。为了提升视频浏览量，运营负责人需要与视频网站充分沟通，了解推荐规则，按照推荐规则优化视频并提交视频推荐申请。

2. 提升主动搜索流量

网友通常会在搜索引擎网站（百度、搜狗、360 搜索等）或视频网站搜索相关关键词，获取希望看到的内容。显然，排名靠前的视频会获得更多的点击量。为了让网友搜索相关关键词时能够发现企业的直播视频，新媒体团队需要对视频文字进行优化，将相关关键词植入视频标题、视频描述等文字内容中。

如某电商平台的直播视频上传后，原标题为“××平台直播视频”，优化后可增加“购物推荐”“买买买”等网友常搜的相关关键词，标题改为“××平台直播视频丨最新购物推荐主播带你买买买”。

3. 自媒体平台推广

企业直播活动需要将直播与自媒体平台相结合，一方面，利用直播宣传微博、微信公众号等平台；另一方面，在直播后利用自媒体平台推广直播视频，便于未参加直播的平台粉丝了解直播内容。

三、直播软文撰写的五种技巧

企业营销部门通常会在重要活动（发布会、周年庆、促销节等）后进行媒体宣传，包括电视报道、报纸宣传、网络新闻等。在互动性更强的新媒体时代，网友可选择的余地变大，没必要在一家公司的宣传广告上停留。因此，通过软文的形式，将活动细节以网友感兴趣的形式呈现在其面前，更有助于提升企业品牌的曝光量。

为了覆盖不同特点的人群，直播软文的常用撰写有五类技巧，包括行业资讯、观点提炼、主播经历、观众体验及运营心得。

（一）行业资讯

行业资讯类软文，常见于严肃主题（新闻发布会、媒体推介会等）直播后的推广，主要面向关注行业动态的人群。通过行业资讯，将直播活动以“本行业最新事件”“业内大事”等形式发布于互联网媒体平台，吸引业内人士关注。

（二）观点提炼

观点提炼类软文，需要提炼直播核心观点并撰写成文。互联网资讯铺天盖地，而网民时间有限，更希望直接看到最核心的内容，因此观点交流类软文是较受网民欢迎的软文形式之一。

软文中可以提炼的核心观点包括企业新科技、创始人新思想、团队新动作等。

（三）主播经历

主播经历类软文，不是从企业角度出发，而是以主播的第一人称角度，类似主播的一篇日记，对直播进行回顾。

与一般性介绍的企业文章相比，主播撰写的文章更有温度，更容易拉近与读者之间的距离。因此，在主播的文章中植入企业核心信息，可以更有效地将核心内容覆盖读者。

（四）观众体验

观众体验类软文，完全以第三方对语气讲述一场直播。由于和主办方、主播都没有关系，因此文章撰写可以更随意、更博人眼球。

例如，一场户外旅行直播结束后，企业或主播发布的文章只能正面描写旅行趣事、风景优美等信息，而观众则可以从“我都没听主播说话，只顾着看风景了”“这是一场行走中的相声表演”等角度写文章，反而更接地气。

（五）运营心得

运营心得类软文，从组织者的角度分享一场直播幕后的故事，主要面向直播从业人员及相关企业策划人员。此类软文可以从“我是如何策划一次直播的”“一场万人参与的直播筹备 5 部曲”等角度进行直播运营的心得分享，文章可以在知乎网、直播交流论坛、策划交流网站等平台发布与推广。

四、直播表情包制作的四个步骤

表情包，即通过趣味的图片（包括明星、动漫、影视截图等）加上相匹配的文字，形成特定的表情小图片，用来表达特定的情绪。

直播活动中，有趣的图片也可以通过截图的形式保存下来，配上文字成为直播表情包。

表情包的制作共分为发现表情、表情截取、添加文字、表情使用四个步骤。

（一）发现表情

直播活动结束后，在整场活动的视频中遇到合适的表情，可以记录下位置（该表情具体在×分×秒，出现在谁身上），便于统一制作表情。

通常可用作表情包的直播表情有以下几类。

1. 经典同步型

互联网上已经有广为流传的表情，如金馆长表情、微信表情、新浪微博表情等，直播中与经典表情同步的表情，可以作为表情包素材。

2. 夸张表情型

当直播参与者无意中出现“皱眉”“噘嘴”“闭眼”等面部表情时，可以标记并保存。

3. 动作表情型

直播中的人物动作也可以作为人物情绪的体现，尤其是与台词、口语或流行语相关的动作，如“轻轻地我走了”“左手一只鸡右手一只鸭”“不许动，举起手来”“下班啦”等，当出现此类动作时可以保存作为表情包素材。

（二）表情截取

对静态图片表情及动态表情，截取方法不同。

1. 静态图片

直接将视频暂停，并用截图工具（QQ 截图、微信截图、360 浏览器截图等）截取相应表情。

2. 动态表情

可以使用 QQ 影音截取。通过 QQ 影音打开视频，点击右下角扳手图标，点选“动画”功能，在弹出的 GIF 制作界面中，通过滑动灰色线上的调节杆选择动态图的起点与终点，然后保存到本地。

（三）添加文字

静态表情图片可直接打开 Photoshop，新增图层并添加文字即可。动态表情图在 Photoshop 里以图层形式出现，每一帧即一个图层。点击右下角“创建新图层”，选中新建的图层，并添加文字。

企业名称、品牌名称等可以水印的形式，增加在图片一角。

（四）表情使用

直播表情包制作完成后，只有内部人员知晓。作为直播活动负责人，需要将直播表情进行推广。

表情推广平台包括以下几类。

1. 企业自媒体：企业官方微博、微信公众号等平台在内容配图时可以应用自家表情包进行推广。

2. 官方群组：粉丝群、试吃团、读者群等官方群组内，可以由管理员带动，在聊天中应用表情包。

3. 表情开放平台微信、QQ 等分别推出了表情开放平台，原创表情可以尝试提交到表情平台，引导陌生网友查看与使用表情。

五、直播粉丝的维护方法

直播进行过程中，运营者可以利用直播页面引导观众加入粉丝群组，也可以由主播在开场及结束时说明加群方式。

观看同一场直播，或者面对同一个主播，或者一起发出弹幕，这样有共同体验的观众更容易有共同话题，更容易与主办单位或主播长期互动。直播结束后，运营者可以定期维护粉丝群体，与积极互动的粉丝交流、并在群内发起活动，实现“观众→粉丝→客户→忠实客户”的变化。

对于通过直播加入的粉丝，在直播结束后，可以通过策划线上活动、分享最新信息、邀请直播参与、发起专属线下活动四种方式进行粉丝维护。这四种方式根据粉丝程度逐层递进，如图 4-8 所示。

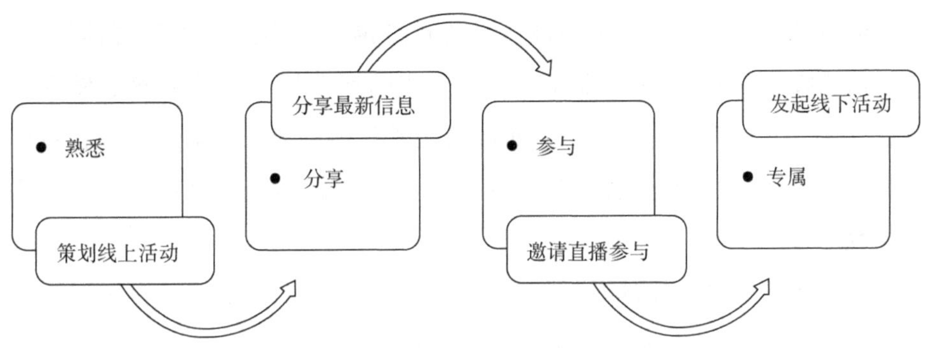

图 4-8 直播维护粉丝方式图

首先，在粉丝社群刚成立的时候，新媒体团队的主要工作是通过策划一系列线上活动“制造熟悉感”。

其次，在熟悉起来后，新媒体团队可以定期在群内分享专属的信息，让群内粉丝优先得到最新的折扣、促销信息。

再次，逐步邀请粉丝一起参与下一场直播，良好的参与感是粉丝对社群产生好感的前提条件。

最后，定期发起线下活动，让线上聊天变成线下互动。

（一）策划线上活动

与线下活动不同，线上活动不受地点、天气等限制，发起更便捷，因此运营者可以将线上活动作为常规活动，定期举办。

（二）分享最新信息

企业直播粉丝群需要营造的氛围主要是“好玩”“有意思”，但与此同时运营者也需要将企业相关信息友好地分享在群内。

企业对外发布的广告、购买提示等，尽量不要直接发到群里，否则粉丝群逐渐会演变为广告群，群成员的参与度将逐渐降低。相反，群外网友无法第一时间获取的最新资讯，可以定期在群内分享，促进群成员好感。可分享的信息包括：专属折扣链接、爆款产品提前购、企业红包口令、新品内购网址、买即赠暗号等。

（三）邀请直播参与

激发直播粉丝群参与感的最佳方式是邀请群友当“军师”，共同加入下一次直播中。这样一方面可以缓解企业的运营压力，从粉丝群发现设计、文案、推广等人才；另一方面可以让粉丝得到充分的尊荣感，自然更愿意在下一场直播中自觉扮演“自己人”的角色，参与到直播宣传、直播现场秩序维护当中。

运营者可以邀请粉丝参与很多直播环节，如表 4-6 所示。

表 4-6　不同直播环节可参与的项目

直播环节	群友可参与项目
直播筹备	选题探讨、场地选取、文案策划、图片设计、主持人票选等
直播进行	直播间互动、线下助威等
结束发酵	微博转发、朋友圈分享、论坛传播、视频网站推广等

（四）专属线下活动

面对面交流容易产生更多思想的碰撞，俗话说“一回生，二回熟”，好的企业活动运营也不能拘泥于线上，而是需要适时发起线下活动，促进粉丝交流。常在同群交流的粉丝，可以进行线下聚会。聚会的同时，企业运营团队可以借机邀请粉丝试用新品，反馈建议，回馈粉丝，增加粉丝归属感与参与感。

第四节 直播营销的提升

一、直播复盘的核心思路

“复盘”一词最早应用于股市，指的是股市收盘后利用静态数据再看一遍市场全貌，总结股市资金流向、大盘抛压、涨跌原因等，使下一步操作时更好地作出判断、更符合当前的市场情况。

为了持续提升营销效果，企业营销活动结束后通常也需要进行复盘，总结经验教训并作为下一次营销活动的参考，直播营销也不例外。

对于超预期的直播活动，企业新媒体团队需要分析各环节的经验，将有效的经验应用于下一次直播；对于未达到预期的直播活动，企业新媒体团队也需要总结失误之处，并思考改善方式，避免在接下来的直播活动中反复出现相同的或类似的失误。没有进行直播复盘或没有提炼直播经验，对企业新媒体工作而言是一种巨大的损失。

直播营销复盘的核心包括数据分析与经验总结两部分。其中，数据分析主要是利用客观数据进行复盘分析，经验总结主要是在主观层面对直播过程进行剖析与总结，如图 4-9 所示。

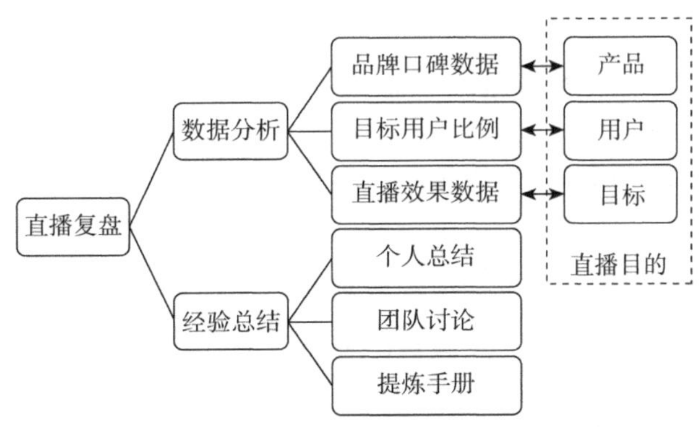

图 4-9 直播营销复盘图

（一）数据分析

对一场直播活动进行复盘，首先需要从数据层面进行分析。直播数据分析包括品牌口碑数据、目标用户比例、销售情况数据。单纯的直播数据分析只是片面地对结果进行总结，但直播营销还需要将结果与目的相比较。本书第二章内容中，直播目的分析包括产品、用户、目标三方面，因此需要将直播结束后的数据与直播开始前的目的进行分别比较。

第一是将品牌口碑数据与直播目的中的产品进行比对，看直播是否有效地传递了产品理念，让观众对产品感兴趣、对产品优势有了解。

第二是把目标用户比例与直播目的中的用户进行比对，看直播是否精准地覆盖用户，吸引目标用户进入直播间。直播营销目的中，直播间观众不是越多越好，而是精准观众越多越好。只追求观众数量而不追求精准率的直播，很有可能“叫好不叫座”，收获了大量人气但没有收获销量或提升品牌。

第三是将效果数据与直播目的中的目标进行比对，看直播是否实现了新品销售目标、店铺利润目标或软件下载目标等。

（二）经验总结

数据分析与总结只能体现直播的客观效果，而流程设置、团队协作、主播的台词等主观层面无法用数据获取，需要企业新媒体团队通过自我总结、团队讨论等方式进行总结，并将总结结果记录，整理成经验手册，便于后续直播营销参考。

二、品牌口碑效果分析的方法

在直播活动策划前，新媒体团队需要借助 SWOT 分析模型，重点对产品优势与机会进行分析，提炼出直播中出现的产品的特色与卖点。而在直播结束后，新媒体团队可以利用百度指数、大众点评星级、相关问答数量等数据，检验直播对于产品品牌与口碑的效果。

（一）百度指数

百度指数是以百度海量网民行为数据为基础的数据分享平台，借助百度指数可以研究关键词搜索趋势、洞察网民兴趣和需求、监测舆情动向、定位受众特征。

百度指数主要体现的是网民的搜索数据，在针对某款产品的直播活动结束后，如果在百度指数曲线出现大幅上涨，说明本次直播活动对产品宣传是有效的。

除了百度指数数据反馈外，新媒体团队也可以直接点击“百度新闻”，搜索相关新闻报道。同样以上述锤子科技春季新品发布会为例，搜索后即可看到百度新闻。

（二）新浪微指数

新浪微指数是基于微博用户行为数据、采用科学计算方法统计得出的反映不同事件领域发展状况的指数。百度指数展示的是网民对于某事件或某品牌的搜索热度，而新浪微指数展示了网民对于某事件或某品牌的讨论热度。

（三）微信指数

微信指数需要在微信手机客户端查询。在微信最上方的搜索窗口输入“微信指数”并点击“搜索”按钮，即可在搜索结果页面中点击“微信指数”，进入指数首页。在微信指数搜索企业名称、创始人姓名、产品名称等，就可以查询相关指数情况。

微信指数是微信官方提供的基于微信大数据分析的移动端指数，其计算范围不只包括微信搜索数据，还包含公众号文章及朋友圈公开转发的文章。因此，微信指数可以更综合地显示一家企业或一款产品的口碑情况。

（四）头条热度指数

头条热度指数是根据今日头条热度指数模型，将用户的阅读、分享、评论等行为的数量加权求和得出相应的事件、文章或关键词的热度值。在展示中，以小时或天为单位绘制成趋势图，表现出热度随时间的变化情况。

（五）大众点评

线下服务行业（如饭店、美发店、酒店、电影院等）的品牌口碑情况，通常可以借助大众点评的星级数据进行分析，新媒体团队可以统计直播前后的大众点评星级分值，计算直播效果。

需要强调的是，如果企业计划通过直播提升大众点评的口碑星级，那么就需要在直播过程中设计台词，引导网友前往对应的大众点评店铺，进行评价。

（六）问答

一场有效的直播在结束后，通常会继续吸引对产品感兴趣的网友在互联网中进行讨论。尤其是科技类新产品发布会结束后，网友会在百度知道、知乎、头条问答等渠道提问，了解关于产品的更多信息。因此，新媒体团队需要在问答类网站进行搜索，统计发布会后网友的提问数量及回答质量。

三、目标用户比例的三类分析

个人直播仅关注直播人气即可，参与直播的观众越多越好；而企业需要借助直播实现营销目的。因此，需要关注的不只是参与人数，更重要的是观众的精准度及有效性。一场 10 万不相关用户参与的直播，从营销层面来看，其效果不及 1 万精准用户。

企业新媒体团队可以通过自媒体互动数据分析、页面浏览数据分析、问卷抽查数据分析三类方法，综合计算直播渠道数据并分析渠道推广效果。

（一）自媒体互动数据分析

微博、微信等自媒体平台，在粉丝关注后可以直接推送一条自动回复的欢迎词。直播开始之前可以提前在“被添加自动回复”功能处设置关键词，友好地引导粉丝回复其来源渠道。

在直播结束后 24 小时内统计后台回复数据，新媒体团队就可以分析并得出更有效果的直播平台及更精准的推广渠道。

（二）页面浏览数据分析

网站或网店通常都具有页面浏览数据统计功能。进入网站或网店后马上退出的用户，往往对企业产品不感兴趣，这类用户并不是企业的目标用户。而进入网站后浏览页面并翻看其他页面的用户，可以认定其对企业或对某一款产品感兴趣，这类用户就是企业营销活动所期望获取的目标用户。

（三）问卷抽查数据分析

分析目标用户比例的第三种方法是借助问卷工具抽查调研。这种方法适用于直播结束后建立粉丝社群的企业。

新媒体团队可以在问卷网、金数据、麦客网等网站设计问卷，对粉丝的来源渠道、最感兴趣的直播环节等进行调研。随后将问卷发在粉丝群，邀请粉丝填写问卷。为了提升粉丝填写比例，增强问卷调研的有效性，新媒体团队可以利用红包、积分或礼物等，鼓励更多粉丝参与。

四、直播效果的数据分析

企业直播营销需要与新媒体营销的整体目标相结合，而新媒体营销的整体目标又必须紧扣企业的市场营销总目标。因此，在直播前企业新媒体团队需要准确地提炼出本次直播的营销目标，在直播后将转化情况与营销目标做比较，分析直播转化效果。

直播转化情况根据行业特点及营销目标而定，可以是销售数量、咨询数量、下载数量等。

（一）销售数量

以提升网店销量为目的的直播，可以通过店铺后台的下单数量观察直播效果。一场有效的直播，在直播期间及直播后的发酵期，会有明显的销量提升。

不过需要强调的是，除了销售数量本身之外，企业也可以对下单比例、成交比例进行分析。

下单比例指的是当日下单人数除以当日浏览人数，如果店铺浏览人数激增而下单人数很少，说明直播向网店引流的目的已经达到，但是由于页面吸引程度不够而导致下单人数少，后续需要重点提升的是网店页面的设计。

成交比例指的是当日付款人数除以当日下单人数，如果下单人数多而成交比例小，说明店铺的支付功能可能存在问题，后续需要重点提升的是支付功能，或者更换销售平台。

（二）咨询数量

传统教育、工业设备行业等通常不通过线上直接成交，仅通过互联网咨询并达成初步意向，随后在线下实现销售。因此，这类行业的转化情况主要通过咨询数量分析。综合直播期间及直播后的 QQ 咨询数量、网站咨询数量、微信咨询数量等各渠道整体咨询数据，可以得出直播的咨询转化效果。

（三）下载/安装/注册数量

游戏、软件等行业的营销目标不一定是销售情况，有时会是游戏下载数量、软件安装数量、新用户注册数量等。对这类数字进行直播前后对比，可以计算出直播对下载/安装/注册数量的贡献。

五、直播经验的总结技巧

直播的客观结果，可以通过挖掘对应的数据并对照直播前的营销目标而得到，但台词、道具、协作等方面的经验，通过数据无法获取，只能通过新媒体团队的内部总结形成。

直播活动过程中的管理属于现场管理，因此可以参考现场管理的“人、机、料、法、环”五个因素，进行全面总结。

首先是“人”，新媒体团队需要对直播过程中涉及人的因素进行总结，尤其是在团队协作过程中，不同性格的团队成员会呈现不同的做事风格。

作为一支完整的团队，需要将成员的优势充分发挥、成员劣势尽量避免，在团队沟通环节尽量减少人为失误。总结过程中，除了需要对新媒体团队成员进行总结外，对于主播、嘉宾等也需要进行总结。

其次是“机”，新媒体团队需要对直播硬件设施进行总结，对场地的布置、直播手机的性能、电池的耐用程度、道具的尺寸设计等进行讨论与总结。

再次是“料”，直播活动不涉及原材料或半成品加工，此处的“料”主要指直播台词、直播环节设置、直播互动玩法、直播开场与收尾方法等提前设计好的内容。虽然这些内容已经提前设计好，但是需要总结出内容是否有效发挥、有无未考虑到的环节而导致现场混乱等。

第四是“法”，新媒体团队需要对直播前的方案正文、项目操盘表、项目跟进表等进行总结，尤其是重新评估项目操盘表是否具有实际指导价值、项目跟进表是否有效地引导团队成员进行直播相关的运作等。

第五是“环”，新媒体团队需要对直播环境进行总结。主要是针对现场声音清晰度、灯光亮度、现场屏幕流畅度等方面进行讨论与回顾。除此之外，还需要重新在直播网站进行环境评估，尤其是直播现场画面在网页及移动端的适配程度。

以上五大因素分析结束后，会形成至少约25条回顾与总结。随后需要按照“经验、教训、问题、方法”进行归类与整理。

（1）经验

直播整体或直播过程中的某个环节达到预期甚至超预期，可以作为经验进行记录，便于下一次直播直接参照。

（2）教训

未达目标甚至影响最终效果的部分，需要总结为教训，后续直播尽量避免此类教训。

（3）问题

直播过程中遇到的新问题、在策划环节没有考虑到的问题，需要记下来，后续直播策划必须将此环节考虑在内。

（4）方法

遇到问题后的解决方法，也需要记录下来。此类方法尤其对加入新媒体团队的新人有指导意义。

直播结束后，只有不断总结、汲取经验，才有可能每次直播都不断优化与提升。

直播营销的技巧

专业的营销人员都知道，在进行营销活动之前都有相对的直播营销技巧。只有通过技巧，提前带动消费者的热情，才能让营销活动在开始的时候就抢先吸引流量。因此，直播技巧在营销活动中占据了极其重要的地位。

第一节　围绕主题借势于明星

现在直播平台中的主播大多数还是从草根中而来的，很多企业在使用直播营销的时候，还是喜欢挑选自带“光环”的明星进行直播。由于明星拥有天然的粉丝圈，这些利用明星直播的企业，就是想借助明星自带的粉丝圈达到营销的目的。直播营销中的“明星热”还会持续下去，许多直播平台已经开始想尽办法吸引明星入驻，明星已然成为直播营销方案的标配。

一、明星 VS 草根

由于直播最初的内容就是简单的个人秀场，所以最早在直播中崛起的网红主要为一些普通人，带有浓厚的草根性质。这些来自平凡人群的草根主播，由于与大多数直播受众的生活相贴合，所以受到了极大的欢迎。

草根主播站在普通人的角度与受众聊天互动，并且为受众展现一定的才艺，通过这两种方式拉拢互联网中的流量。这种直播独有的娱乐方式最初确实在网络中获得了大量好评。因此，可以说草根为直播带来了繁荣，也为直播营销带来了契机。但是，伴随着人们生活水平的提高，直播受众对于直播娱乐性的追求也在不断提升。草根直播过分单调的个人秀场逐渐无法满足直播受众，直播的内容被迫提升到更高的层次。因此，企业在利用直播营销的过程中，即使草根主播能够更加亲近消费者，草根主播也已经无法为直播营销带来更有创意的直播内容。在这种对草根“压迫”的直播大环境之下，明星直播的优势逐渐显示出来。

由于直播的门槛非常低，才造就了草根和明星能够“同台”直播的局面。虽然站在直播平台的角度，草根出身的网红能够带来更多的效益，但是站在企业营销的角度，明星直播反而能为企业带来更大的价值。

由于直播的随意性和真实性，让众多明星的粉丝可以通过直播看到明星们不为人知的一面，因此明星直播时常会在互联网中掀起巨大的流量浪潮。企业只要能够抓住机会，利用明星直播塑造企业形象的同时借势明星，就能让直播营销为企业带来更大的市场流量。

二、明星直播的正确方式

虽然许多企业已经在使用明星直播，然而并不是每个企业都能达到预期的效果。从企业获得的流量市场来看，哪怕是使用同样的移动直播平台，不同的明星、不同的直播方式都会为企业带来不同的效果。哪怕人气相当高的明星，直播方式的不同都会带来相距甚远的流量效应，这种流量效应甚至能打破明星原本具有的名气。因此，正确的明星直播方式才是企业直播成功的重点，只有正确的明星直播方式才能成为企业直播营销的必杀技。所以，企业在利用明星直播的时候一定要注意以下几点：

（一）明星与企业气质相似

不同的企业拥有不同的文化，不同的直播平台有不同的直播风格，不同的明星也有不同的气场。只有明星的气质能够贴近企业，才会为直播受众带来深刻的产品信息传播。企业利用明星直播就是为了把明星的粉丝变成直播受众，并且通过明星在直播中的互动来满足粉丝。因此，只有明星与企业的气质相符，粉丝的属性才能够与企业的文化同步、成为直播的受众，最终让直播受众转化成企业的营销市场。

（二）明星与直播平台气质相似

明星直播对于直播平台来说存在一定的风险。由于现在直播平台的情况本身就非常混乱，再加上不少明星身上都背负了不同程度的负面新闻，这些负面新闻也会为直播带来不好的影响。而且不同年龄段、不同领域的明星都有各自的优势，只有通过直播平台突出明星的优点，避免暴露其缺点，才能让明星直播带来真正的正面效应。因此，明星与直播平台一定要有相似的气质。

与直播平台气质相似的明星，能为企业带来正确的营销内容定位，从而促使明星成为直播平台中的闪光点。不仅明星的粉丝会被直播吸引，直播平台中的其他受众也会被明星直播吸引。

（三）注重明星与观众的互动

互动是明星直播的重点环节，观众之所以不在电视中看明星表演，反而倾向于舞台更小的直播，最重要的原因就是直播可以满足粉丝与明星互动的要求。“互动”是一种重要的社交方式，哪怕是草根的直播，也会非常注重在直播的过程中与观众进行互动。因此，明星直播更应该抛弃平时“高冷”的面具，将自己融入粉丝群体中，让明星与粉丝处于平等的位置上进行互动。只有在这种平等的互动活动中，明星才能随机发挥，创造粉丝更喜欢更新颖的内容。而创新的内容才能吸引更多的观众，进而让明星直播实现流量的最大化。

借势明星已经成为大多数企业直播营销的重要方式之一。要使这种营销方式能够在市场中脱颖而出，就必须选择与企业气质、直播平台气质相符的明星，并且在直播内容上肯花费精力，让明星尽可能地与观众互动。虽然借势明星需要企业花费大量的成本，但是只要企业紧扣明星直播的主题，避免同质化的内容，就可以让明星直播成为企业营销最锋利的武器。

第二节　增强互动撬动粉丝参与

任何企业都无法忽略营销前的预热，那么在直播营销的浪潮中，就可以借助直播的互动性与预热活动相结合，以此来带动粉丝的热情。也就是说，在营销活动开展之前，进行强力的预热和互动，进而撬动粉丝积极参与到营销活动之中。

一、预热的作用

营销活动的预热需要企业花费大量的资金和精力，可能比营销活动的执行还要复杂。企业几个小时的营销活动的背后，可能需要做长达数十天甚至几个月的预热。但是，预热活动是企业营销的必经之路，效果好的预热可以为营销带来以下三方面的作用：

（一）预告作用

预告是所有预热活动最直白的作用，即告诉消费者营销活动开展的时间、地点等基本信息。消费者是营销活动的执行对象，营销获得消费者或者让消费者自己找上门的唯一途径就是预热。正是因为预热提前将企业营销的部分信息传播出去，消费者才能知道这场营销活动的存在，并且了解它即将在何时、何地举办。让消费者清楚营销活动举办的时间、地点，是消费者参与营销活动的基本。

（二）预计作用

企业通过预热，不仅可以告诉消费者营销活动的时间、地点，而且可以提前告诉消费者营销活动中的亮点，比如新产品的部分信息、邀请的明星嘉宾等。将营销活动最大的亮点放到预热中，在市场中进行“曝光”，借此引发营销活动前消费者讨论的热潮。企业可以根据消费者反映的情况，预计营销活动执行的过程中可以带来的流量。

（三）营造氛围

营销活动的氛围不仅局限在活动执行的过程中，在活动开展之前也需要营造一些氛围。为了让企业的营销活动在未举办前就显得有“人气”，就必须通过预热来营造能够点燃消费者热情的氛围。“爱热闹”是大多数人的天性，当预热营造出火热的氛围时，自然就会吸引更多的消费者关注企业的营销活动，为营销活动的流量来源奠定了一定的基础。

二、预热的渠道

效果不好的预热，可能会影响消费者对接下来营销活动的判断，直接让消费者失去兴致。但是，效果良好的营销预热，不仅可以让更多的人参与到企业的营销之中，甚至还能够提前引爆产品的销售量。因此，企业一定要采取正确的预热渠道，在直播营销开展之前发挥出预热的真正作用。

（一）企业内部的预热渠道

企业内部的预热渠道包括企业的官方网站、官方微博、官方微信等。这些内部渠道是企业的天然资源，企业可以在直播营销开展之前，利用这些天然资源进行预热。官网预热可以将预热信息放到官方网站的首页网页导航图上，制作相关的专题推送到官网首页等；官方微博预热可以在微博上发布相关的话题，对此感兴趣的关注者自然会进行讨论和转发；官方微信可以在公众号上发布相关的内容，无论是图文的形式还是短视频的形式，只要内容有趣新颖并且能够表达企业想要传播的信息即可。

内部的预热渠道主要针对的是企业的忠实客户。这些客户已经对企业有了初步的了解，并且关注了企业的官方网站、官方微博、官方微信等，当他们从这些渠道上看到有趣的内容，就会自主进行二次传播，进而让更多的消费者知道企业的营销活动信息。因此，内部渠道是企业将消息传达给老客户的重要方式，企业一定要重视内部渠道的预热。

（二）企业外部的预热渠道

企业外部的预热渠道主要分为需要付费的推广、合作互推的友情链接、自媒体以及各大社交平台的信息发布等。所谓的付费推广，就是指百度、微博等平台上都有专门的广告位、企业在预热的时候可以根据自身情况购买这些广告位，放上预热的内容；友情链接则是利用互换的方式，与相关企业利用微博、微信公众号等互相推送对方的内容，进而达到双赢的效果；利用自媒体以及社交平台预热，就是指企业可以在百度贴吧、知乎、豆瓣、简书等平台上发布相应的预热信息，这些平台相对来说花费的资金成本会比较少，但是需要人力成本进行维护。

实际上，企业的外部预热渠道不止以上三种，企业可以根据自身的情况在外部渠道方面不断地挖掘，并且伴随科技的发展，互联网中还会出现更多的相关渠道。但是，企业在利用外部渠道进行预热的时候，时常要花费大量成本，所以企业一定要多在外部渠道上斟酌考量。有些本身就积累了大量流量资源的外部渠道，确实可以为企业带来相应的预热效果。但是，也有一些预热渠道因为平台的限制，导致预热效果并不明显。因此，企业必须结合自身的条件以及营销活动的战略，选择正确的外部渠道进行预热。

三、预热与互动

在直播营销中，直播已经能够为企业和消费者带来良好的互动感，如果没有预热这个大前提，哪怕直播的互动感非常强烈，也无法达到企业预期的效果。因为企业在直播营销前的预热，实质上就是为了与消费者提前建立联系，所以预热在企业与消费者的互动中起着重要作用。当消费者从各个渠道上看到企业预热的直播内容，并且对内容产生兴趣的时候，就会主动去关注企业接下来的直播活动。因此，预热与互动在直播营销中不能分离，企业只有利用预热为直播营销做铺垫，才能达到最佳的互动效果。

直播营销产生的效益不可估量、站在销售量的角度，如果邀请吴尊拍一则广告可能都不会带来120万元的销售量，但是直播营销就可以轻易做到。在看似简单的直播背后，企业也付出了相应的预热“代价”，无论是购买广告位还是在微博上发表话题，都需要消耗企业的成本。但是，正因为企业在预热上花费了大量精力，直播营销才能为企业带来超乎想象的结果。因此，只有精心设计的预热互动，才能成为企业引爆直播流量的强力必杀技之一。

第三节　场景化与专业化引导提升体验性

一、场景化引导

移动互联网的发展，促使消费者的购买从“传统化”走向“碎片化”、从“线下”走向“线上”、从PC端走向移动端。此时，购物已经变得更加便捷，即使足不出户消费者也可以购买到想要的产品。在这个购物越来越便捷的时代，消费者进行消费的理由不再局限于单纯地满足生理需求，还要追寻更加高端的个性化体验。目前，能够给消费者带来最好用户体验的就是直播营销，而场景化则正在融入直播。企业为了在直播营销方面进一步提升消费者的消费体验，就要在直播的基础上为消费者进行场景化的引导。

（一）场景化：直播营销的聚焦点

直播营销本身就是移动互联网之下人们追求场景化体验的产物，因此更真实的场景化体验一直是直播营销的聚焦点。在飞速发展的社会之中，企业可以通过加强场景化体验，维持或加深消费者对品牌和产品的印象。

凡客诚品前副总裁、逻辑思维联合创始人吴声说过："缺乏场景感，没有故事的产品必死无疑。"当企业在营销的过程中缺乏场景化体验的时候，也就等于为企业自身宣判了死刑。因为场景不仅定义了产品的意义，还决定了企业的营销效果。不同的企业、不同的品牌、不同的产品都有不同的场景。如果失去了这些场景，就等于失去了故事，对消费者来说营销也会变得没有故事、没有内涵、没有意义，产品会变得默默无闻，甚至连品牌也变得黯淡无光。当企业失去产品和品牌的时候，最终会导致企业被湮没在社会发展的进程之中。因此，当企业在追随直播营销的潮流之时，必须要注重为消费者带来优质的场景化体验。当企业将场景化视为直播营销的聚焦点，并以此来提升消费者的场景体验时，就等于优先把握住了未来直播营销的关键，提前一步在互联网中吸纳了消费者带来的流量。

（二）场景化引导的关键词

在直播营销的过程中，不同的场景会带来不同的收益效果。想要打造出完美的场景，并且为消费者做正确的场景化引导，就必须把握住以下几个场景化引导的重要关键词：

1. 个性化体验

个性化体验是场景化引导的首要任务，同时也是直播营销的重要卖点之一。无论企业的营销方式如何创新，体验永远是消费者第一接触以及最为关心的。传统的营销模式依据的是，由于消费者的生理需求占据了市场的主导，心理上的个性化需求一直被压抑着。但是，由于经济的发展，消费者生活水平的提高，消费者的个性化需求逐渐突出。因此，许多企业才会抓住这个机会开始销售"个性化定制"的产品。而直播营销为了能够在个性化的浪潮中占据有利的地位，企业就必须依据消费者的心理为直播营销制定个性化的内容和展示方式，进而为消费者带来个性化的体验。

2. 技术支持

技术是场景化引导的推动力。企业如果想为观众带来更好的场景化体验，就必须尽可能地利用先进的技术。

在直播 3.0 的时代，"直播+VR"的新型模式被提出。但是，"直播+

VR”与现在一般的直播完全不同，需要更高级的设备和技术。VR 需要进行全景拍摄，通过同步传感器将信息传给接受方。因此，这不仅需要信息的采集方具备前沿的设备，而且需要信息的接受方同样具备特制的“VR 眼镜”。目前由于设备和技术的限制，还很难完全在直播中普及 VR。但是，“直播+VR”给观众带来的 3D 场景体验，是其他任何“直播+”都很难做到的。因此，“直播+VR”必定会成为直播营销未来探索的一个重要方向。

3. 场景识别

现在大多数互联网商家利用的都是场景记忆的手段，让消费者形成购买的条件反射。但是场景记忆需要消费者不断地接触商品才能实现，对一些消费频率低的商品则很难做到让消费者形成条件反射。因此，场景化的引导应该从场景记忆转向场景识别。

目前，微信、Uber、大众点评等这类 APP 的盛行都是建立在场景识别的基础之上，通过不断地触发消费者的购买，进而获得了销售的成功。但是，这种拥有高频率消费的场景，毕竟只能适用于日常必需且价格不高的产品。对大多数企业来说，仅靠消费者购买还无法形成购买的条件反射。因此，企业必须在用户对产品的记忆快要消失的时候，通过外部刺激，加深消费者对产品的记忆，并通过营销的手段，引导消费者发现全新的场景。

场景识别在直播营销对消费者场景化引导中占据了主体，个性化体验和技术支持实际上都是为了服务场景识别。在以后直播领域垂直化的细分中，如果企业能够第一时间抢占场景化引导的技术，那么就会在直播营销中事先抢占大量的流量。因此，企业必须在维持目前优势的前提下，不断地在直播营销的场景化体验上进行突破，用最前沿的科技为消费者带来个性化的体验，创造完善的场景识别系统。

二、专业化引导

互联网时代直播技术的不断完善，为企业直播营销的升级提供了支持。但是在不断完善的技术支持下，企业自身也要对直播的内容进行适当的调整。未来直播营销对娱乐的消耗最终也会达到一个极限，在观众看腻娱乐性内容之后，更专业化的内容将成为消费者追求的另一个目标。因此，企业在进行直播营销的时候，不仅要满足观众对娱乐性内容的追求，而且要满足消费者对专业性内容的需求。

（一）专业化引导的定义

所谓的专业化引导，就是在直播中为观众提供相应的专业化内容，并对观众进行专业化的定向引导，让观众能够根据自己的需求获得自己想要的产品或者服务。

目前，国内大部分企业还把直播营销停留在单纯的娱乐阶段。比如现在多数企业进行的直播营销，还是以网红和明星的表演为主体内容，以此来提高产品的销量。但是，消费者购买产品的目的，是因为产品能够在心理或者生理上满足他们。因此，企业直播营销必须在直播的过程中，阐述产品的功能和意义，让消费者相信产品确实能够带来满足感。建立消费者信任的最佳方式，就是在直播中适当穿插专业化引导，让主播或者嘉宾以专业化的道理打动消费者。

（二）如何做到专业化引导

直播营销中专业化的导向不仅可以戳中未来消费者的痛点，还是许多投资者的重点关注对象。无论是企业还是直播平台，在直播的过程中都要从以下几点为观众做好专业化的导向。

1. 专业的主播

大多数企业在直播中都无法摆脱许多靠卖才艺、卖颜值、卖吃相赚钱的主播。这种以个人活动为直播内容主体的形式，已经在多数直播受众中形成了固定印象。在直播内容娱乐泛滥的市场中，如果企业能利用更专业的主播，将会给直播营销带来意想不到的效果。专业化的内容需要专业化的人士，但是目前大多数直播平台都没有足够专业的主播，即使依靠明星来直播营销，这些明星也不一定具备专业的知识储备。因此，专业内容的导向在企业直播营销中常常难以实施，但是也并非无计可施。比如，小米CEO雷军的直播，雷军就是利用自己专业知识的储备为观众做专业性的回答；杨颖为美宝莲直播，因为作为明星一定要具备化妆的知识，所以在向观众演示化妆品使用方法时会显得非常专业；吴尊参与到惠氏奶粉的直播中，正因为粉丝们都知道吴尊已为人父，具备一定的育儿知识，再加上吴尊的女儿使用的也是同款奶粉，所以吴尊可以为粉丝在奶粉的选购中提供专业化的意见。

由此可见，专业化的内容不一定是由某个领域非常杰出的人物所带来的，但是专业化的内容一定是由观众“认可”的人带来的。企业在直播营销中加入专业化内容时，所有观众必须认可主播是“专业”的。只要观众“认可”主播的专业性，那么企业的直播营销也就拥有了“专业”的主播。

2. 专业的内容

内容是当下各大企业在直播营销中的创新点，优质与否的内容不仅决定了直播平台的生死，还决定了企业营销的胜负。在直播营销的专业化引导中，专业内容相对于娱乐内容来说更难创新，但是专业内容对观众来说更有说服力。也就是说，如果企业能够在满足观众娱乐需求的同时，为观众做出专业的解答，那么直播营销的内容将会得到一次重大的质量提升。

3. 专业的平台

专业的平台是企业直播营销最容易实现的，同时也是企业专业化引导限制最大的关键点。任何企业都能够清楚地了解自家产品的性质，知道应该选择什么样的直播平台。但是现在多数直播平台都倾向娱乐化，导致很多高科技产品很难在娱乐化的直播平台上获得相应的营销成果。当这些包含浓厚技术成分的产品想要选择专业的直播平台时，就要使自己直播的内容以创新的形式靠近娱乐，并根据创新的娱乐内容挑选相应的平台。

在同时实现主播、内容、平台的专业化之后，企业的直播营销才算是真正专业化。专业就是硬道理，专业产生信任。如果观众觉得企业在直播中阐述的道理是正确的，就会产生信任感，并会在信任感的促使下对企业的产品产生购买的欲望。在长久的直播专业导向之下，观众的购买欲望会演变成对产品的依赖。所以，直播营销专业化引导，最终会为企业带来长久而稳定的市场和收益。

第四节 交易消费型提升营销实效

一、产品为王，引爆交易型消费

在移动互联网的时代，营销的主动权早已从企业转移到消费者的手中，因此企业根据消费者的需求进行生产已经成为一种主流。再加上直播的出现，改变了互联网信息的传播方式，使交易双方的信息更加透明化，以至于消费者对产品的要求更加严格。面对这种苛刻的营销环境，如果企业能拿出质量优秀的产品，则能在直播营销中占据最有利的地位。

（一）如何做到“产品为王”

直播营销虽然在这个时代占据了许多优势，但还是无法避免各个企业之间市场竞争的局面。企业为了在竞争中占据有利的地位，就必须拿出自己的优势，而企业所有的优势最终都会归结到产品的优势上，因此“产品为王”已经成为目前营销的侧重点。

优质的产品是企业与消费者间的黏合剂，消费者会在优质产品带来的良好用户体验之下，对企业产生强烈的信赖感。所以，企业在进行生产活动的时候，为了产出满足消费者的优质产品，要注意以下两点：

第一，企业要与消费者建立平等的社交关系。由于企业与消费者关系的变化，消费者成为判断产品优劣的“裁判”。企业与消费者的关系不同以往，过去企业和消费者的关系是一种垂直关系，企业站在顶层向消费者传达产品信息。但是现在的企业和消费者的关系平等，企业的信息可以通过互联网一次性传播给所有的消费者。在这种平等的关系之下，消费者不仅可以了解产品的信息，还可以了解企业内部的研发、生产信息，甚至可以分别从线上、线下的各种渠道购买产品。因为消费者对产品的选择变得多元化，曾经的“渠道为王”“链接为王”“广告为王”等营销战略已经不复存在。面对这种营销格局的转变，许多企业开始寻找新的出路。其中，“品牌为王”的营销玩法已经被少数大型企业反复利用，但是以品牌来进行营销迟早会有消耗殆尽的一天。所以对所有的企业来说，“产品为王”才是企业营销的根本。为了生产出可以满足消费者需求的优质产品，企业必须尽可能贴近消费者，通过与消费者建立良好的社交关系，了解消费者的心理，才能生产出被消费者判定为“王”的产品。

第二，企业要注重产品的售后服务。生产质量上乘的产品是大多数企业都能做到的，但是在售后方面，能够为消费者带来良好客户体验的企业却非常少。优质的产品不仅要能满足消费者的需求，而且要拥有绝对良好的售后服务。实际上，售后服务不仅是单纯的产品售后跟进、维护，而且是维护企业消费者的有力武器。优质的售后服务会激发消费者的感情，让消费者心理更加满足，促使消费者成为企业的长期客户。但是多数企业在吸纳新消费者的时候，经常容易忘记维护以前的消费者。这样做的后果就是：虽然每次营销活动都可以吸纳大批消费者，但是整体的销售量却没有大的增长。因此，售后服务也是优质产品中不可缺少的部分。

在“产品为王”的营销时代，不仅要注重产品的质量，产品的售后服务也同样被划分在产品的内容之中。企业要想把产品当作市场竞争的优势，这两点都必须同时满足消费者。

（二）直播营销+产品为王

在“产品为王”的理念之下，产品的优势不仅可以成为企业营销的利器，而且能够成为直播营销的必杀技。将直播营销的优势与产品的优势相结合，以产品的优势为直播的核心内容，为直播受众带来全新的娱乐享受与产品体验，进而在直播平台上引爆交易型消费，促使产品的销量大幅度提升。

以“产品为王”为内容特色的直播营销最为成功的例子，就是小米在哔哩哔哩直播平台上的“小米 MAX 超耐久无聊待机”直播活动。一般的直播内容大多数以网络主播的活动为主，这些直播内容全程都要依靠“人”来支撑。但是“小米 MAX 超耐久无聊待机”直播全程的内容，只有一间挤满“二次元”风格的小房间和一部待机息屏的手机。小米这场直播可谓是把“无聊”这个主题贯彻到底，在超过数十天的直播中没有任何“人”出现在直播画面中，但是这种“无聊”的直播却吸引了超过 3 950 万用户观看，弹幕数量达到 3 亿条。

小米此次的直播营销算是市场中极具创新、极具风险的一次营销活动。“无聊”直播没有任何鲜明的主题、没有突出的目的，观众甚至不知道这场直播什么时候能结束，因为只有小米手机没电自动关机，直播才会马上中断。直播唯一的主角“小米 MAX”手机也只是被插上 SIM 卡、连接 4G 网络后被静止在画面中，唯一的“活动”就是被每小时点亮屏幕一次，用来确认手机是否有电。

实际上，这场“无聊”直播中的“无聊”内容不仅包含了正在待机的小米 MAX。在“无聊待机”的期间，小米策划团队还让哔哩哔哩直播平台随机安排各自主播，在直播平台上做各自“无聊”的事情，比如吃饭、打游戏、扎帐篷睡觉等。这些“网红”的登场，使“无聊”直播的观众陆续攀升。然而最吸引观众的并不是这些“网红”，而是小米事先设立的奖励机制：第一天 12：00—24：00 每小时准点抽奖送出一台小米 MAX；第二天相同时段每小时送出两台；第三天每小时三台……依此类推。手机的续航天数愈长，就意味着每小时送出的手机愈多，因此这种奖励机制有效地留住了“无聊”直播的观众。

小米的“无聊”直播就是典型的“产品为王”直播营销，小米 MAX 的“超长待机”成为整场活动唯一持续的理由。这种以整场直播为代价，只为突出产品的某样特性的营销活动，可谓是直播营销的一次大胆的创新，甚至在所有营销案例中都很难找到类似的活动。但是，这种舍弃了其他直播营销影响因素，以突出产品为主的直播营销，确实让观众感受到了“有趣”。

因此，即使是简单地突出产品，只要直播能够有创意地体现产品的优势，让直播受众感受到娱乐性的内容，哪怕直播内容极其“无聊”，也能够引起消费者的关注，进而引爆交易型消费。

二、独特的交易直播型消费

企业的直播与普通的直播不同，因为企业直播必须带有强大的营销功能。企业的直播必须在具备秀场直播功能的同时，能够展出与秀场完全不同、独一无二的内容。但是，目前大多数直播都是以主播卖颜值、卖才艺为主，甚至大多数人已经认同了这些内容就是直播的主流。实际上，靠主播卖颜值、卖才艺的直播内容，不过是直播 1.0 时代的基础。伴随着直播技术的发展和消费者需求的提升，在这个直播营销成为潮流的时代，只有让企业直播成为独一无二的存在，才能让企业在互联网市场中长久生存下去。

在目前情况下，让企业直播变成独一无二的存在，有三种办法：

（一）探索未被挖掘的市场

直播不仅是一种社交方式，也是一种消费者获取信息，企业满足消费者需求的重要方式。因此，现在大多数直播营销都是建立在原有的直播平台之上，然后对直播内容进行优化。但是，这种建立于传统直播平台上的直播营销，在不断地重复利用原有直播市场资源的过程中，逐步将直播内容的资源彻底挖空，导致原有的直播市场内容资源逐渐枯竭，消费者也很难得到满足。在这种资源快要枯竭的情况下，无论是直播平台还是利用直播营销的企业，都需要去探索未被挖掘的市场，并在新的市场中创造新的内容。

跨境教育服务平台“学无国界”与斗鱼直播平台达成合作。在此次合作中，斗鱼将招募在国外的留学生并将他们培养成合适的主播，通过这些留学生主播向国内外展示留学生的生活方式。“学无国界”对此强调，国外主播主要是利用身处国外的优势和自身的人格魅力，如展示国外大学的学霸或者学联主席的生活方式，或者展示这些主播参加国外社交酒会的体验，其实这些内容都是“学无国界”的产品。

直播与教育的结合，就是企业营销直播在全新领域的探索。在娱乐泛滥的直播市场中，教育将会形成一种全新的直播内容资源带动企业的发展。当然，探索全新的直播市场需要企业具备足够的胆量和耐心，不一定每次探索都能成功，但是每一次探索都会为下一次探索积累经验。企业在不断探索的过程中，最终会挖掘到可以吸引消费者眼球的全新资源。

（二）综合利用多种直播功能

现在直播大多数都具备打赏、红包、投票、留言、弹幕等功能，企业在直播营销的过程中就可以灵活地运用这些功能，创造具有特色的直播内容，让直播营销变得独一无二。

综合利用这些直播功能，实际上就是为观众打造一个更好的互动方式。比如在直播间中设置聊天室，观众就可以通过聊天室的窗口与企业进行直接对话，还可以发送弹幕；企业可以在聊天室中与观众互动，将更多的观众引入到直播的活动中去。或者类似淘宝直播平台常用的发红包活动，可以将发红包、砸金蛋、大转盘等活动与直播平台结合，利用这些优惠活动促进消费者的消费。因此，企业可以通过综合利用各种直播功能，通过综合创新，为观众带来更好的互动体验，进而使直播形成独一无二的特色。

（三）把握直播的规范性

把握直播的规范性，实际上是指企业在创造独一无二的直播过程中必须遵守的规定。现在很多企业或者直播平台，为了聚焦观众的目光，让直播内容与法律打擦边球。这种内容虽然暂时满足了观众的好奇心和心理欲望，但是伴随着相关政策的出台，这种“打擦边球”内容会逐渐变成直播规范以外的内容。因此，企业直播一定要建立在内容规范的基础上，让直播变成独一无二的存在。

早在 2017 年的春运第一天，凤凰网“风直播”策划的春运首日直播正式上线，从当天凌晨 5 点开始到 1 月 15 日晚 8 点左右结束。此次直播历时 67 个小时，三天两夜，行程 4 856 千米。前方直播员每天工作超过 15

个小时，访问50余人次，共生产71条短视频、3场视频直播、284条图文消息、数千条热门评论。全平台累计观看用户510万，其中凤凰新闻客户端250万、一点资讯120万、凤凰网PC端140万，超过10万网友在留言区进行了实时互动。

因为这场直播，“风直播”团队获得了凤凰网总编辑奖。凤凰网总编辑邹明认为这是一场“令人十分感动”的直播，而且在业界引起很大反响，也引起北京铁路部门的重视，最重要的是得到了用户的肯定。他还表示：“元年过后，厮杀才刚开始，过去直播行业有一些乱象，但我们认为今年将是价值回归的一年。所以，‘风直播’的原创直播一定是精心策划的，比如此次春运直播。其次。引入的内容是经过严格筛选的。坚决淘汰伪PGC。有一个细节是，‘风直播’的原创直播结束后，不会全程直接回放，因为这是一种简单粗暴、不负责任的方式。我们的回看视频一定是经过剪辑的，有长有短，用户自取。这也是对直播内容的二次开发。”

由此可见，规范化的直播是未来必走的重要道路。如果想要独一无二的企业直播获得更长久的效应，就必须在规范的前提下寻求创新，在规范中变得独一无二。

三、常规直播也要有秘密武器

在直播成为世界社交潮流的背后，映射着大量的同质化内容。吃饭、表演、玩游戏等是目前大多数直播平台共有的内容，名人、明星、网红是多数企业直播已经瞄准的直播“道具”。但是，伴随着直播的不断发展和完善，再富有创意的内容都会变得平庸，所有新奇的模式都会回归于平常。企业要想在常规直播中获取营销的成功，就一定要具备一些直播的“秘密武器”。

秘密武器一：把产品变成直播道具，让广告更加自然

直播营销有时候也无法避免大多数营销中的套路，企业在营销过程中过多强调产品，容易让观众产生拒绝的心理。这种刻意的广告，甚至会让直播营销失去原本的优势，让观众难以接受直播的内容。因此，哪怕是常

规的直播营销，也要避免这种情况出现。当企业想要强调产品的时候，就可以通过别的手段将产品变成直播的道具，使广告变得更加自然，提高观众对产品广告的接受度。

澳大利亚食品品牌自由食品（Freedom Foods）就将镜头对准厨房，邀请澳大利亚当地的美女健身达人，在天猫直播麦片不一样的吃法，翻炒、焖煮、起锅……美食达人穿着白色围裙，在厨房中有条不紊地忙活着，一道道色泽诱人的菜肴逐渐在镜头前完成。其实直播做菜，在大多数直播平台中都有相似的内容。但是，在这场直播中，这位美女健身达人为观众展示了各种各样的麦片吃法，让观众大呼惊奇。在很多人眼里，麦片就是用牛奶冲泡或者煮熟后食用，而在这位健身达人的手中，麦片可以和鸡蛋搭配做成一道炒菜，也可以和冰淇淋混在一起做成冷饮。各种新颖的吃法应接不暇，用户在评论中都纷纷留言“原来还可以这样玩。”

这种看似简单的直播，实际上将自由食品的产品麦片道具化了。当健身达人在直播平台上利用麦片做出各种美味的食物时，观众自然会对主播使用的麦片感兴趣。因此，当企业能够把产品变成直播道具融入直播内容中，并且让观众丝毫看不出广告的痕迹时，哪怕是再普通不过的直播，也会带来很好的营销效果。

秘密武器二：主播花式搞笑，让广告变成段子

利用主播的花式表演来逗笑观众，实际上是一种非常常见的直播方式。但是，如果能让主播在逗笑观众的过程中，“毫无痕迹”地穿插产品的广告，让观众一边笑一边购买，就可以带来意想不到的销售量。

肯德基此次的直播利用了主播同台 PK 搞笑的方式，不仅刺激了主播更卖力地搞笑表演，而且让观众获得了极大的娱乐性。因此，肯德基“奇葩”直播才能赚得盆满钵满，不仅为肯德基旗舰店入驻天猫做足了宣传，而且通过直播中疯狂的福利发放，让观众“笑到飙泪，买到剁手”。肯德基通过观众线上消费电子商券的模式，把线上的流量引入线下实体店的消费中，弥补了直播营销线上与线下流量转化不足的特点，可谓是一次“一举多得”的直播营销活动。

因此，主播的搞笑与广告的紧密结合，也能为企业的直播营销带来质的飞跃。但是，在把搞笑作为直播营销的秘密武器之前，一定要注意不能把广告与搞笑结合得太过刻意，否则只会适得其反。只有让直播中的笑点与广告完美融合，让观众无法察觉广告的影子，或者即使观众察觉到了直播中广告的成分也能欣然接受，那么广告也就等于成功地变成了直播内容中的搞笑“段子”。在主播不停地讲“段子”、制造笑点的过程中，产品的广告就会在不知不觉中深入到直播的受众心里。

秘密武器三：聚焦精准人群，让直播更有感染力

由于直播领域的垂直细分，未来直播营销也必定会在内容上更加细致。企业的直播营销想要在未来细分的领域中占领先机，就必须让直播在观众群体中更有感染力。也就是说，具备强大感染力的企业直播，可以引发观众的共鸣。当观众的心理与产品相呼应时，市场的销量自然就会一路飙升。

企业让直播营销具有感染力，除了要具备生动有趣的内容之外，最重要的是要有特定的人群。首先，企业要确定产品的定位。对产品的定位是企业最基本的要求，所有的企业在生产之前都应该清楚了解自己的产品即将面对的消费者群体和竞争市场。其次，企业要勾勒出消费者群体的轮廓。也就是说要大致分清楚消费者的主流，比如消费者的年龄层次、性别、地域等。最后，企业要分析这些人群的需求。让直播营销的内容能够利用产品的特性，直击这些消费者的需求，使他们产生购买的欲望。

四、与其他营销平台形成传播闭环

所有的营销方式都包含了产品研发、信息传播、销售成交、售后服务这四个重要环节。但是，目前大部分市场营销的核心都集中在销售成交上，导致多数企业都在试图让市场销售形成一个闭环，甚至为了销售而忽略信息传播的重要性。实际上，信息传播也是市场营销不可或缺的环节，直播营销就是通过强化信息的传播促使销售量得以提高的。

互联网中包含巨大信息传播力量的平台非常多，比如微博、微信、知

乎等，而直播作为发展中的社交方式，仅占据了互联网信息传播平台的一小部分。即使直播天生具备强大的传播力，但是这种传播还不足以让信息在整个互联网中扩散。因此，企业在利用直播营销的时候，为了进一步强化直播对信息的传播力量，就必须与其他的营销平台进行链接，形成信息传播的闭环。就目前情况来看，适用于多数企业直播的营销平台主要有两个，分别为新浪微博和微信。

（一）直播+微博

微博实际上就是“微型博客”的简称，最早的全球著名的微博就是美国的推特，而国内较大的微博平台是新浪微博，同时新浪微博也是中国大型社交平台之一。因此，在直播还没有成为热点之前，多数企业在开展营销活动之前，时常会优先选择在微博中提前发布信息或者在微博中以图文、短视频的形式进行营销“直播”。“微博+营销”作为盛行一时并且至今还在产生巨大影响的营销方式，在信息传播上有着天然的优势。当企业在进行直播营销的时候，如果能够将直播与微博相结合，形成信息传播的闭环，就可以实现流量的双向引导。

然而“直播+微博”的闭环传播方式，在国内似乎存在着一定的限制，但是只要企业有足够的能力进行各方面的变通，这些限制因素也不会成为传播闭环中的阻碍。新浪微博作为国内较大的社交平台，多数企业都在垂涎新浪微博上的流量，如果能与新浪微博形成传播闭环，那么将会为企业圈住大量稳定的流量。但是，众所周知，一直播已经成为新浪微博的御用内嵌直播系统，表面上企业的直播营销似乎只能选定一直播这个直播平台，实际上并非如此。“直播+微博”的闭环传播方式，并不代表企业必须要用微博内嵌的直播系统，而是同时利用直播和微博进行双向的信息传播。

（二）直播+微信

微信是近些年在移动端迅速成长起来的社交 APP，因此微信也承载了大量的流量。看中微信圈定的巨大流量，电商、支付、服务等众多项目都在陆续与微信进行结合。在还不够成熟的信息传播方式——直播，进一步与已经成熟的微信相结合，就能够在移动端上形成完善的信息传播闭环。

现在许多直播平台已经拥有了相应的微信公众号，但是由于技术的限制，用户通过直播平台的公众号并不能直接进入直播间。因此，直播平台的公众号大多数都是以图文的形式，展现曾经直播过的内容或者部分人气主播的直播预告。

虽然相对于微博来说，微信会显得更加封闭，但是不能否认微信在社交圈中的重大作用。微信内部镶嵌直播功能，也是微信未来发展的必经之路。因此，当企业在进行直播营销的时候，提前在微信上做好准备，利用微信朋友圈、微信公众号的力量为直播进行宣传，将是未来直播营销信息传播的重要途径之一。而企业为了能够让“直播+微信”形成一个完美的传播闭环，就必须提前培养企业的微信公众号，让更多的人关注企业的公众号。然后，企业就可以通过公众号中的信息和链接，将流量引入直播间。实际上，能够与企业直播形成传播闭环的平台不仅有微博、微信、优酷、知乎等社交平台，也能与企业直播进行链接，甚至各个直播平台之间也能够形成传播闭环。然而，不同的企业在进行直播的时候，要根据自身的品牌、产品以及营销的目的，选择一个或者多个合适的平台，与企业直播平台进行对接，进而达到形成传播闭环的目的。

直播营销的应用模式

在营销为王的时代，高昂的获客成本一直是困扰企业的一大难题：从烧钱抢人大战到斥巨资请明星代言，再到节日促销，传统“血本营销”方式使企业承受巨大的经济压力。近年兴起的直播营销凭借成本低、转化率高等优势，迅速成为各大企业争夺的战场。无直播，不营销，直播营销的出现拉开了企业低成本获客时代的帷幕。

第一节　眼见为实的直播+电商

一、直播为电商带来的好处

（一）直播最大程度地降低了电商的获客成本

近年来，获客成本高的问题一直困扰着许多电商，购买流量是电商难以承受之重，传统的营销策略（打折、降价、开展抽奖活动、双十一特惠等）都需要商家付出较高的资金成本，而直播的出现极大地改善了这种局面，甚至可以实现零成本营销。

在引流上，当前的直播平台一般不收费，注册后就可以开启直播。以淘宝直播为例，如果店家已经是淘宝达人，就可以直接开启直播；如果还不是，只需等待审核通过即可开通，完全无须资金投入。电商经营者可以借助这些平台自己做直播，只需要投入一些精力，将直播做得足够新颖，富有特色就可以吸引消费者驻足。这种方式的优点不仅表现在销量方面，在维护商家和客户的关系方面也大有裨益。

（二）直播为电商吸引大量眼球

想要吸引消费者的注意，在多如牛毛的网店中脱颖而出，就必须具备相当强的吸睛能力。店铺的等级、店铺和店铺宝贝的收藏量、店铺的打折和优惠活动等都是吸引消费者的重要元素，但只有这些还不够，在这个追求个性的年代，想要吸引更多消费者，特别是以 90 后为主的新生代，网店就必须标新立异，构想一些新奇的影响策略。利用直播的闪光点来营销，就是策略之一。

直播以一对多模式惊艳买家。我们知道，传统的电商与买家进行的是网上双向的一对一交流，成与不成只是一件或几件商品的交易，至多买家对交易各阶段都很满意发展为固定客户，但那也只是单个客户，给商家带来的利润非常有限。而直播在电子商务方面的应用着实达到了一鸣惊人的效果，其特有的一对多交流模式使电商短时间内获得大量客户成为可能。魏晨在聚美直播的 5 分钟内，直播平台粉丝就超过 200 万。根据浏览到购买 32% 的转化率来计算，它在那么短的时间内所得到的客户数量之多也足以令人惊叹。

直播以其真实性征服消费者。以往的网上购物，消费者看到的只是商品的平面图，可能与实物在各方面差别巨大。不少人会因此心存顾虑，不会轻易下单购买。直播的出现为电商解决了这个问题，因为直播是即时性的，不能重来，也无法剪辑，看到什么就是什么，消费者不会因担心自己可能受骗而心存顾虑，下单的消费者自然多了。比如，吴尊在淘宝上推荐奶粉的直播让消费者们看到了关于奶粉的详细信息，在大约 1 个小时的直播中，他们心里的疑虑渐渐减少、消失，信任随之建立，订单大增，销量可观。

直播以其互动性温暖消费者。去实体店买东西，消费者可与卖家面对面地互动，还可以直接鉴别商品。而传统电商只能通过信息与消费者进行单一的文字交流，没有面对面交流的亲切感。直播不仅弥补了这一不足，而且有所开拓。它不仅使买卖双方可以面对面交流商品信息，还让天南海北的买家也能通过直播交流购物心得。而且，直播中别有新意的小活动也往往能抓住客户的心，从而增加销售额。魏晨在聚美直播进行送礼物、发红包等互动，使直播观看人数突破 500 万，我们可以想象其中的潜在客户数量。

综上所述，直播以其特性为电商吸引了大量眼球，使它能够获得更多客户，从而实现以低成本获得高利润，也以其独有特性使电商获得一个难得的发展契机，对电商发展来说意义重大。

二、电商+直播的三大模式

电商+直播有不同模式，根据划分标准不同，其分类也有所不同。

以直播侧重点为划分标准，可将电商 + 直播划为网红类直播和互动类直播两种；从主播身份角度，电商 +直播可被划分为店主直播、网红直播和明星直播三种。

以上两种划分方式下的直播模式都比较容易理解。现在，以电商与直播的结合方式为划分标准，我们一起来了解一下电商 + 直播最经典的三种模式。

（一）电商平台增加直播功能

这类电商+直播模式的特点是，传统的电商平台（如淘宝、天猫、蘑菇街、聚美优品）在自己原有的平台上添加直播功能，卖家申请开通直播功能，通过审核即可开启直播。

实际上，这种方式只是在传统电商平台上添加了一种以往没有的功能，商家可以选择申请使用或者置之不理，传统电商平台并没有因为直播功能的出现而发生质的变化，它售卖的还是以往的那些商品，商品的结构、购物操作流程并没有改变。

（二）直播平台通过商品链接向电商平台导流

简单来说，就是在以往的直播平台（比如抖音、YY LIVE、映客直播、花椒直播）的直播页面添加商品链接，主播在直播时适时宣传链接商品促使观众产生购买意愿。观众点开链接后可直接进入商品购买页面了解商品详情，进而做出购买或不购买的决策。

这种模式目前还没有非常成功的案例，只是一种发展方向。对直播平台来说，电商+直播的变现方式清晰、直接，是目前可以预见到的最诱人的直播变现渠道，但是市场上众多直播平台都不敢轻易试水。目前的直播平台大多属于荷尔蒙经济，用户观看的主要目的不是关注主播推荐的商品，而更多的是为了放松。如果在直播平台添加电商功能，用户会有被要求购物的逼迫感，直播平台可能因此失去大量用户。

（三）新型电商+直播模式

这种新型的电商+直播模式以小红书为代表。

小红书是国内一款针对15~25岁年轻女性的垂直视频分享社区+社会化电子商务平台，由美妆达人在平台上分享化妆、护肤、如何选择化妆品等关于如何变美的视频和直播。视频和直播页面链接有达人推荐的各种商品，用户只需点开链接便可到达购物页面选购商品。目前该公司的发展方向是进一步打造网红、增强变现渠道、强化直播内容+流量，以及品牌双向导流。

小红书一开始既不是以电商平台形式，也不是以直播平台形式出现，而是以电商+ 直播的综合性平台形式亮相。也就是说，它们从成立时起就把电商与直播视为不可分割的整体，二者是并存关系，它们不同于淘宝、天猫等电商平台的直播。淘宝和天猫只是把直播设置为一种新的功能，电商平台与直播是从属关系。

做个可能并不恰当的比喻，如果淘宝是一棵梨树，直播就是后来嫁接到这棵梨树上的小苹果枝，它与众多梨树枝一起形成整棵树，小红书则一开始就是梨树和苹果树的合体，它们是“梨苹果”树。

当然，这些“梨苹果”树并不是完全一样的，小红书则是通过分享激发用户的兴趣，进而购买。相比之下，小红书的社交属性似乎更强一些。

一般认为，新型电商+直播模式是三种模式中最具有竞争力、发展前景最好的，因为这种模式中的直播和电商是紧密联系的整体，二者利益相关，是互利共生的关系，其内容带有鲜明的平台属性，同时平台上售卖的商品也是直播中推荐的。

三、适合直播售卖的产品和服务

目前，电商直播营销主要集中在跨境电商和美妆两大领域，同时也在向其他领域扩展。虽然从发展局势上看，电商+直播是未来电商发展的大势所趋，但是从当下来看，并非所有产品和服务都适合通过直播售卖。那么有哪些产品和服务适合做电商+直播呢？下面就让我们一起简单了解一下（见图 6-1）。

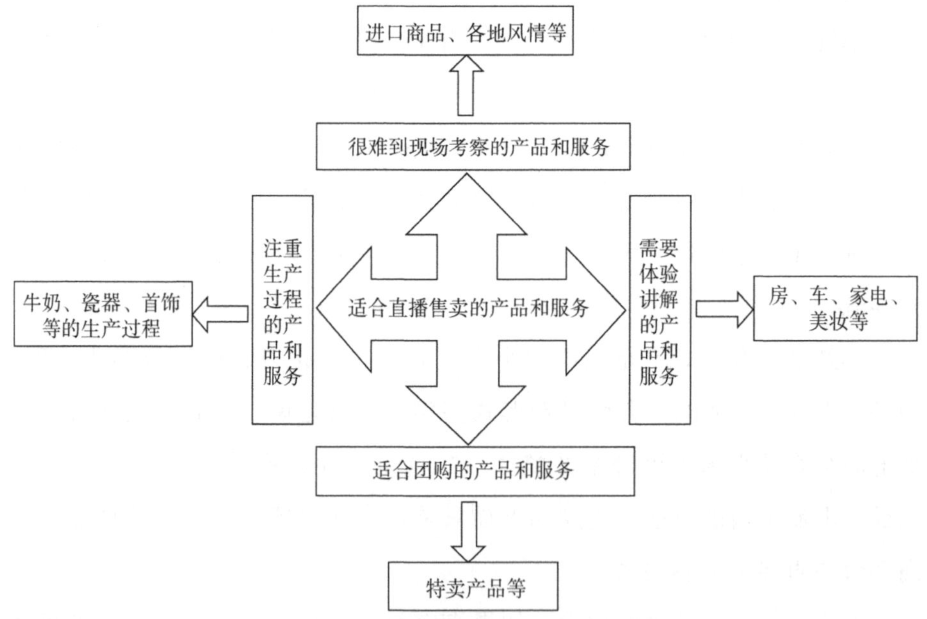

图 6-1　适合直播售卖的产品和服务

（一）很难到现场考察的产品和服务

很多消费者受时间、经济等方面的制约不能直接到国外购买当地的商品，无法了解自己想要的商品在国外的销售情况，有什么品牌、对应的价格区间如何……总之，得不到对称的信息，如果通过电商购买，依旧存在信息不对称的问题。直播的出现有效地解决了这个问题，消费者通过直播能详细地了解进口商品，进而做出购买与否的决策。

此外，购买旅游服务，在抵达前很难真实了解，直播可以解决这一难题。消费者可以通过直播了解各地风土人情，决定去哪儿。项目投资类的决策也难以在不到现场的情况下轻易做出，借助于直播，投资方可以深入了解项目，进而决定是否投资。

（二）注重生产过程的产品和服务

随着社会的发展和人民生活水平的提高，人们对产品和服务的关注从产品本身逐渐转移到了生产过程，实际上就是越来越关注产品和服务的质量。食材方面，比如牛奶、蔬菜的生产过程；艺术品领域，像瓷器、首饰的制作过程。此外，食品的加工过程、孩子学习的过程等都逐步成为人们关注的重点。

卫龙食品就做过一次展示产品制作流程的直播，其用直播的形式展示生产车间的情况和整个生产流程，成功地打消了人们对于食品安全的疑虑，产生了非常好的宣传效果。

传统电商只通过图文展示并不能使消费者详细而真实地了解这些，直播却做到了这一点。因此，售卖此类商品的电商应该抓住机遇，积极利用直播强大的宣传作用。

（三）需要体验讲解的产品和服务

针对某些商品，消费者在做出购买决策前往往需要先全方位地了解，听取专业的意见和讲解，但是也有不少人没有那么多时间亲自去体验，直播就非常适合这类商品。这类商品可以通过直播展示细节，虽然不能完全代替真实体验，但是最起码可以在有限的时间里帮助消费者进行第一轮筛选，节省实地考察的时间。

我们可以看到，需要讲解化妆技巧的美妆类产品已经在电商直播中风靡，前文提到的小红书就是其中之一。作为一款针对年轻女性的美妆网红视频电商平台，小红书主要采用达人向大众分享变美过程的形式推销产品。

（四）适合团购的产品和服务

能够在短时间内聚集起一群兴趣爱好相同的人是直播的最大特点，也是最大优势，电商可以借助这一点成功吸引一个有着相同需求群体，然后向这个群体售卖相应的产品或服务，这种情况实际上是一种新型团购，它和团购一样具有群体行为属性。因此，过去在团购（尤其是限时团购）中销量较大的产品和服务非常适合采用电商+直播这种营销模式。就像团购容易在无意中打造爆款一样，电商+ 直播同样可能成为爆款催化剂。

聚划算在这方面进行了有益的尝试：吴尊通过直播使惠氏启赋奶粉的天猫店交易额一小时即突破 120 万元；柳岩在直播中推销 6 款产品，其中枣夹核桃的销售额达 2 万多元，当时观看人数仅 12 万，能达到如此高的转化率可谓不错的成绩。相信未来聚划算以及主打限时特卖的唯品会都极有可能成为直播电商界的领头羊。

四、转化率的吸引效应

电商与直播之所以能在时代的推动下相遇、结合、协同发展，是因为二者的结合能使电商低成本获取流量并达到高转化率。

（一）充分利用“名人效应”吸引用户

所谓名人，指在社会上或某一领域具有很大知名度和影响力的人，可以是歌手、影视明星、体育明星、作家，也可以是某一领域的领头人物，当然，也可以是网红。这些人都是意见领袖（KOL），自带人气、关注、流量，如果电商能够邀请到这些人为自己直播宣传，这些人的人气、关注度自然而然地会被转移给电商。

当然，能请得起名人为其直播的，一般都不会是小网店，而是大品牌。

对没有实力邀请名人直播的中小电商来说，不妨将目光投向网红，或尝试自己培养网红。培养网红当然也需要投入不少资金，但是一旦培养成功，节省下的请名人的费用和后期收益也是巨大的。当然，想要牢牢留住请来的或自己培养出的网红，必须有所行动，可以尝试打造主播→普通网红→大网红→明星的明确的主播晋升和盈利体系，以尽可能地留存优秀网红。

（二）发掘更多电商直播场景

电商直播在优化用户购物体验吸引消费者方面优势明显，但也存在拓展的空间。具体可以从以下几个方面尝试。

嫁接不同的生活场景。在进行直播分类时，引入具体的生活场景，比如可以分为“我要去约会，要如何化妆”“去聚会穿什么”“送给女儿什么礼物”“什么样的跑鞋更好”，这些生活化的场景更容易吸引消费者，增加浏览量，转化率自然会随之提升。

做有意义的公益直播。提到公益，总会有很多热心人支持，直播也可抓住这一发展契机，吸引消费者，提高转化率。比如，电商可以和公益活动方合作，利用直播的可移动性，直接到公益活动的现场进行直播，同时发布合作方式：每卖出一件商品，就会从销售额中提取一定比例捐赠给公益活动方，用于公益事业。这一方式无疑会吸引很多消费者，而且电商热心公益的诚意会提高其知名度和声誉。

搭建商城和直播间的虚拟场景。将电商直播和 VR 技术相结合，使用户在直播间购物的感觉就像在实体商场或步行街。这样的购物体验会吸引很多消费者，转化率自然得以提升。

（三）利用多人直播，广泛覆盖精准人群

邀请多位网红或明星同时或接力进行直播，最大限度地覆盖精准客户群，从而提升转化率。

五、电商+直播的深度融合

在这个直播爆发年代，也是电商+直播发展最为迅速的时代，我们可以看到一部分电商+ 直播（主要指第一种和第三种电商+直播模式）在技术上已经从之前的直播页面与购物页面分离，发展到了直播页面与购物页面可以自由转换衔接。

以淘宝为例，淘宝买家们在观看直播时，如果有中意的商品，可以点击下角的红色商品袋，上面标有商品数量，单击就可进入购物页面，可以拉引着浏览所有商品序列，找到所需商品。商品序列页面只占整个页面的2/3，同时直播的页面不会消失；单击所需商品，直播页面会变小后在右下角出现，你可以再看看商品详情，最后决定买或不买，操作简单方便。蘑菇街等购物网站的情况大同小异，这可以说是目前最为先进的电商直播营销模式了。

电商 + 直播的营销模式正向着深度融合的方向发展，这是其未来发展的大方向。要实现二者的深度融合，具体有哪些方法值得尝试呢?

（一）开放直播权限

电商平台可以尝试开放直播权限，促进其与直播的进一步融合，这种方法是针对第一种电商+ 直播模式——电商平台增加直播功能而言。以淘宝为例，它可以开放更大的直播权限，比如取消“直播需要先申请再通过审查”的制度，甚至可以把直播设置为常规功能，就像“收藏”“加入购物车”功能一样，任何卖家只要愿意，就能随时随地直播，事实上这就是电商直播的普及和大众化。开放了权限，使用直播介绍商品，参与互动的用户多了，潜在客户自然增加，转化率也随之上升，电商和直播也能进一步融合。

（二）开设买方直播功能

电商平台尝试开设买方直播功能，以促进其与直播的进一步融合，这同时适用于第一种和第三种电商 + 直播模式。

基于开放直播权限这一点，我们不妨再大胆设想一下，能不能也为买家开设直播功能？有研究表明，未来市场属于消费者决策型市场，在交易过程中，消费者掌握主动权。设置买家直播功能就是给用户主动权，自然会受他们欢迎。

至于到底可不可行，能不能提升转化率，最终使电商获利，我们还不能确定，因为市场具有很多不确定因素，但不管怎样，这都可以作为一个尝试。当然，为了便于管理，关于买方直播的开放最好先设有限制，如先对等级最高的买家开放此功能，他们有什么需要可以在直播中提出的商家可以与之联系，经过沟通、选择，最终完成交易。

这种方式有种私人订制的味道，但它有别于私人订制，因为它是从成品中“淘”商品，而不是真正的订制。所以，一旦有符合条件的商品，交易就能很快确定下来，无论在价格上还是在速度上，它都比私人订制更有优势。

（三）提升直播内容的质量

网络直播被称为“引流神器”，但是任何事物的发展都有上坡期和下坡期，由吸引流量到营造购买氛围，再到消费者实际购买，这个过程在一次一次的重复中会渐渐变得不那么有吸引力。预计消费者一时的新鲜感过去之后，直播的商品转化率会走下坡路，慢慢降低。为了最终留住买家，使他们成为忠实粉丝，电商的直播内容必须推陈出新，不能仅仅只是介绍商品，简单互动，而是要言之有物；不是用颜值而是要用智慧赢得关注。要知道，内容为王的金科玉律在直播上同样适用，电商+直播只有具有内容才能真正“吸粉”且“留粉”，进而增加购买转化率与复购率。只有这样，电商与直播才可能在原有基础上深度融合。

有人说，这是一个看脸的时代。但真正有竞争力的明显从来不是颜值最高的，而是有个性、有内涵、有智慧、更专业的实力派。演艺界如此，直播的江湖也差不多。

在直播的蛋糕越做越大的社会大环境中，电商直播营销在深度融合的过程中日益完善，其凭借其高流量、强互动、注重体验等特点完胜传统电商营销。展望未来，电商+直播营销模式的发展壮大已经成为大势所趋。

六、小米 Max：吸引千万观众的直播新玩法

早年小米公司在北京国家会议中心召开夏季新品发布会，重点推出了小米历史上屏幕最大的手机——6.44 英寸的小米 Max。小米 Max 配备超大机身，内置一块 4 850 mAh 的电池，除了大屏，小米 Max 还主打“待机时间长”。为了证明小米 Max 具有超长待机时间，发布会结束后，小米公司在哔哩哔哩直播开启了一场旨在突出小米 Max 超长持久续航能力的“小米 Max 超耐久无聊待机直播”活动。

直播开始时，小米 Max 手机被装好 SIM 卡，开启 4G 模式，开机设置成待机状态（不运行任何程序）放在桌上。这种状态将一直持续到手机电量耗尽，自动关机。也就是说，这是一场内容不定、时间不定、不分白天黑夜连续进行的实时直播。

直播过程中，不定时地有各路二次元达人作为嘉宾出现，做客聊天。工作人员随便选唱歌曲、漫无目的地聊天、临时起意地掰手腕、比赛吃鸡、发呆、吃饭、画画、打游戏、扎帐篷睡觉……简直可以用包罗万象来形容。有时直播画面中甚至空无一人，只留下直播间凌乱的现场和墙上“我们也不知道这次直播什么时候结束”等字样。

一些网民认为小米的这次直播“非常无聊”，但也有一些人认为，无聊本身也是一件有趣的事。一位网友说：“虽然没什么意思，但我每天都看。”截至第 11 天，这场直播吸引了超过 2 000 万观众，观众们通过发送大量的弹幕表达自己对这次直播和小米 Max 的各种看法。

直播进行到第 13 天，工作人员对直播摄像头已经熟视无睹，可以非常自然地从它前面走过。直播绝大部分时间被无聊占据着，为了制造情节，工作人员想出各种怪招，他们把肯德基的纸袋挖了两个洞制成头套倒扣在嘉宾头上，他们让嘉宾直接上去把正在唱歌的主持人推下来……“我为什么要来这里做这个啊？”著名鬼畜视频上传者（up 主）T20 在直播的时候无奈地感叹。

如此漫长又无聊的直播，仍然有很多人观看。据统计，该直播每天吸引超过 200 万独立访客参与，在日常流量较高的时段，同时在线人数通常超过 10 万，即使在深夜一两点，也会有 1 万多人在线。小米在直播的过程中还会时不时地从参与互动的观众中抽出幸运儿送小米 Max 手机，被刷爆的弹幕基本上都是关于小米 Max 的。

5 月 31 日，这场“旷日持久”的无聊直播终于宣告结束。31 日上午，小米手机官方微博宣布小米 Max 全程待机 17 天 21 小时，弹幕讨论总条数突破 3.17 亿，独立访客接近 3 000 万，共送出 2 238 部手机。那么关键问题是，这次直播到底影响到小米 Max 的销量了吗？让我们看一组数据，5 月 17 日上午 10 点，在小米 Max 的首轮开放购买中，首批供货的 10 万部手机几分钟内即抢购一空，预约量远超 1 500 万，上市两个月内，销量突破 150 万部。两个月销售 150 万部，6 寸以上的同类大屏手机最高销量是每年 30 万部。

小米的这次直播营销让更多的人通过这个直播了解了小米 Max 与小米公司。复盘这次直播营销，我们发现有三点值得学习。

顺应潮流，与时俱进。2016 年 5 月，正是直播发展得如火如荼，各个行业都尝试与直播合作以实现低成本获客。小米顺应了时代发展的潮流，选择当下炙手可热的直播方式进行宣传营销。这是其成功的基本依托。

以创新吸引观众。小米的这次直播宣传的创新之处恰恰在于直播的超长性。新媒体发展繁荣的今天，直播已经不是什么新鲜字眼，但是一场具体内容未知、结束时间未知的超长直播对人们具有非凡的吸引力。普通的、时间有限的直播绝不会吸引近 3 000 万人围观，也不会具有那么大的宣传作用。

选择合适的直播平台。此次直播的宣传对象极为明确，选择了较为合适的直播平台哔哩哔哩直播。哔哩哔哩作为知名网站，拥有庞大的年轻观众资源，75%的用户年龄在 24 岁以下，男女比例相对均衡。该群体正是小米的主要宣传对象。选择哔哩哔哩作为直播平台以挖掘大量潜在客户，这是小米这次直播营销成功的关键。

第二节 打破时空界限的直播+教育

一、在线教育开启新征程

（一）用直播破解在线教育的变现难题

融资成功的关键是投资者对创业公司的项目有信心，也就是说该项目有盈利前景，否则融资很难成功。根据清科私募通统计数据显示，2016 年上半年，全国在线教育融资总额为 4.68 亿美元，比 2015 年同期融资总额相比大幅下降，下降率达 45.89%。根据互联网教育研究院报告，截至 2016 年年底，中国在线教育机构有 70% 处于亏损状态。

据《报告》数据显示，2020 年中国在线教育共发生 111 起融资，同比下降 27.93%。此外，2016 年融资 121 起，同比下降 34.24%；2017 年融资 147 起，同比增长 21.48%；2018 年融资 120 起，同比下降 18.37%；2019 年融资 154 起，同比增长 28.33%。①。

在线教育已经进入了资本寒冬，主要原因是迟迟无法实现盈利。这意味着在线教育的商业模式不对。如何解决这个问题？

作为“娱乐圈最懂教育的人，教育界最懂互联网的人”，“疯狂老师”教育平台的创始人张浩于在线教育的直播风口下提出了著名的“南北坡理论”：互联网公司与直播的联系更密切，这使其“近水楼台先得月”，处于在线教育创业的南坡，他们主打工具类型产品切入；传统培训机构则处于北坡，主要在 O2O 领域探索，属于在线教育创业的北坡。但无论从哪里开始，终会在辅导环节找到共同点。

① 肖明超．直播营销：新的品牌存在方式［J］．销售与市场，2016（17）：26-77.

以前的在线教育软件使用情况表明，工具类型产品和O2O领域的探索都无法触及用户的消费痛点。在线辅导的方式好像很传统，却可能是最直接的变现切入点。

作业帮联合创始人陈恭明就认为直播是在线教育辅导的发展大方向，在线教育的盈利点很大程度上要依赖传统线下教育的变现模式。课外的补习班等辅导是线下变现最直接的途径，直播辅导自然也成为最有前景的在线教育变现方式。而且，在线直播教育与以往的录播教育相比，更能促进师生互动，教师能为学生提供更好、更契合学生需求的帮助。

直播成本不断降低，成为吸引创业公司投资在线直播教育的关键。以新东方这类传统的线下教育培训机构为例，传统的教育培训需要很大的物理空间，随着一二线城市房租的不断上涨，房租压力越来越大。线上直播教育能很好地解决这个问题，它大大节省了教育的物理空间，省下的房租不容小觑。

（二）直播变现的方式

教育直播变现的具体方式有哪些呢？

售卖直播课程变现。售卖课程就是用户首先通过线上支付购买听取直播课程的权利，然后根据课程时间安排，通过直播听课。这是目前为止线上直播教育最主要、最稳定的变现方式，也是线下教育培训的主要付费方式。这种售卖直播课程的方式比较符合用户的习惯，因此比较稳定。在线直播不仅需要技术上的支持，而且需要进行科研，这些都需要付出很多精力和很大的心血，充足稳定的资金是保证。

打赏变现。打赏是随着直播教育的出现衍生的付费方式，为线上直播教育独有，具体是指在教育平台开设打赏功能，培训教师讲授课程时，用户可以根据自己的学习情况，按自己心意通过打赏功能给教师钱。打赏不同于售卖课程的硬性付费方式，它是用户个人行为，不是硬性规定，是用户对授课教师的一种欣赏，是对教师授课水平的肯定，也是二者在直播教育过程中的一种互动方式。打赏功能的设置是有条件的，它只适用于大班直播教育，一对一直播或一对几的小班教育并不适用，而且打赏更适合网红教师。

除了以上两种变现方式，在线直播教育的变现方式还包括周边教辅资料的销售等。但总体来说，销售课程变现是主体，打赏等变现方式是辅助。

二、打破传统教育的时空藩篱

老师好、猿辅导、疯狂老师、新东方、作业帮等在线教育平台纷纷试水直播，可谓“百花齐放，百家争鸣”。直播给教育带来了新的变化与进步。

（一）有助于实现师生强互动

这是在线直播最显著的进步。在线直播教育类似于课堂教育，虽然师生不是真正的面对面，但是与其非常类似。师生只隔着一层屏幕，学生能通过直播看到教师的动作、表情，听到教师的讲解，还能通过发短消息、留言评论、使用语音功能等方式实现与教师的实时互动。如果是一对一的线上直播课程，还能实现随问随答。这样的强互动性有利于学生及时解决出现的问题，提高学习效果，从而激励学生坚持学习。

在网易云的直播课中，授课教师会随时关注学习者在评论栏发表的意见、提出的问题，但是他们不会在直播过程中一一回答，而是会把问的次数较多的问题留到所有内容讲完后再集中作答，这样做不仅可以节省时间，而且能提高答疑效率。这种互动能使学生在教师指导下及时解决不理解的问题，提高其学习效率。

这样的直播课结束后，学习者往往能获得不错的学习效果，从而吸引学习者坚持上课。不少需要付费的课程在正式开课前都会开设不少于一次的免费直播课让学习者试听，在直播课上，教师会介绍该课程的主要内容，然后试讲，最后还会答疑解惑感，如此就会吸引一部分学习者付费继续学习。

（二）有助于教师因材施教

在线直播教育可实现师生实时互动，这在一定程度上打破了以往在线教育的时空限制，便于教师及时掌握学习者的学习状态，根据学生情况。适时调整课程安排，从而做到因材、因时施教。另外，学生根据直播平台的分类，按照自己的水平和需求选择适合自己的课程，这也有助于实现因材施教，提高教学效率。

以猿辅导为例，它和自己的兄弟产品猿题库合作，可以根据用户在猿题库的大量练习数据，追踪学习者的学习效果，推测其学习状况和水平，然后在各种技术的支持下，实现每个学生的每堂课都是根据自己的实际情况“定制”，基本上都是最适合自己目前水平的在线辅导，真正地做到因材施教。而且这些数据也可以被用于网校的教研工作，以合理安排教学。

兄弟产品猿题库为猿辅导提供了强大的数据支持，并不是所有在线直播技术都有猿辅导这样的数据优势，但是在线直播的强互动性也能实现教育平台对学习者各项学习指标的掌握，只是在数据的积累方面仍需时日。

（三）有利于实现教育资源的共享

中国教育资源分布不平衡，比起一二线城市，三四线的城市和农村地区教育资源尤其是师资力量严重缺乏。在线直播技术的应用在很大程度上缓解了这个问题。直播具有很强的传播性，通过在线直播技术，三四线城市及农村的学习者可以在线听一二线城市名师的课程，而且可以和他们交流互动，这在过去的录播时代，无疑是件难以想象的事情。直播技术的应用能够更好地实现教育资源的共享，推进教育公平，促进教育均衡发展。

在线直播教育技术促进了教育产业的繁荣发展，也为传统的教育事业带来了便利，甚至可以说是福利，跨时空强互动、因材施教、优质资源共享……这些因素共同推动了教育大数据时代的到来，进而建立起良好的教育生态系统，有利于促进教育公平，使教育均衡发展。

（四）有利于“课堂革命”的实施

课堂是教育教学的主阵地，打造“高效课堂”是进一步推进新课程改革，提高有内涵的教育教学质量，将教育全面发展推向纵深现实而迫切的要求，并且在教学中结合课程思政来进行课堂革命。质量是教育的生命线，抓好有内涵的教育教学质量是学校工作的重中之重。教学理念、教学方式、学习方式要进行实质性改革，教育教学才能从根本上有较大的转变。课堂革命要体现第一课堂+第二课堂+第三课堂的融合和衔接，建立直播营销课程规范化体系（见图 6-2）。

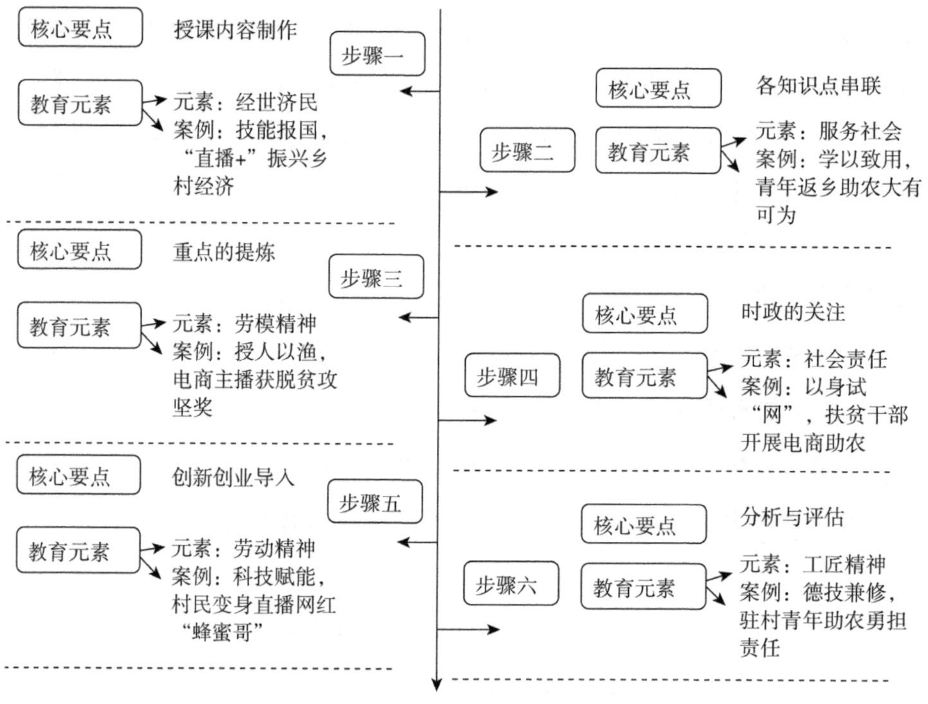

图 6-2　直播营销课程规范化体系

为大力推进课堂教学的改革与创新，真正实现课堂教学改革的新跨越，为确保“课堂革命年”取得实效，实施方案如下：

1. 指导思想

以实现学校内涵提高、科学发展为宗旨，以深化课程改革、推进素质教育为核心，以解决旧的课堂教学方式与新课程理念之间的矛盾为目的，以广泛开展校本教研、促进教师专业发展为保障，以课堂为主阵地，以构建高效课堂教学模式为抓手和着力点，以转变教师的教学方式和学生的学习方式为重点，以促进学生的全面发展为落脚点，积极探索、打造优质高效的活力课堂，全面提高教育教学质量。尤其是在直播教学中，由于缺乏学校的约束，更加不可以忽略对学生思想的塑造，需要以科学的世界观、价值观、人生观作为教学指导思想，培养学生专业能力的同时，要关注学生身心健康的发展，坚持意识形态的指导地位，运用思政的方法论、立场、观点、教学，把其融入课程的教学中，实现育人的理想效果，使专业课和思政课相互结合，提高学生的两方面的能力。

2. 目标任务

（1）进一步完善落实学校校本教研的相关制度，使其更趋规范化，提高教师参与研训活动的积极性、主动性以及研训活动的有效性，在全校掀起教学研训的高潮。

（2）促进教师专业发展。以“课堂革命年”为契机，进一步加快学校教师转变思想、更新理念，提高自身的职业道德素养、学科专业素养、教育理论素养、科学文化素养和艺术修养，实现教师素质的整体提升。

（3）努力构建民主、和谐、开放、富有活力的课堂，认真贯彻学生为主体，教师为主导的原则，切实转变教师的教学方式和学生的学习方式，实现由“师本”向“生本”转变，尽力做到让学生全员参与、全程参与和有效参与。积极建立民主平等、充满尊重的良好师生关系，构建宽松和谐、友好公平的课堂氛围，关注每位学生，让每位学生都能获得尊重，获得自信，获得成功。倡导自主、合作、探究的学习方式，培养学生的探索精神、合作精神。激发和调动学生的学习兴趣和热情，激发学生的创造性思维，培养学生的创新精神和能力，将所教学知识与实际相结合，并且伴随以科学的世界观、价值观、人生观作为指导，努力构建富有省略的优质高效课堂。

三、链接师生资源的三大模式

现阶段教育直播的常见模式有 3 种：双师课堂模式、网红教师模式以及平台模式（见图 6-3）。

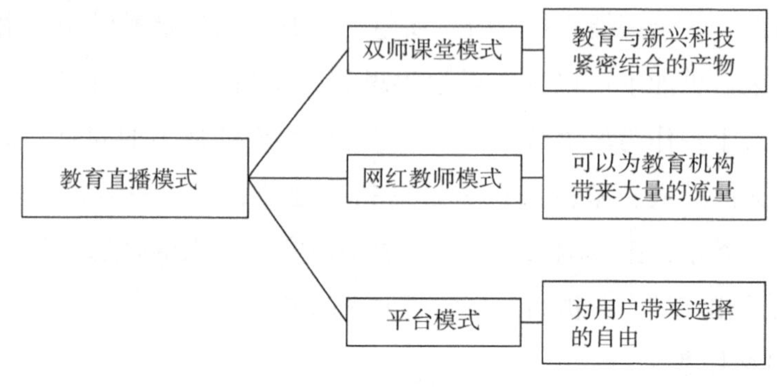

图 6-3　教育直播模式

（一）双师课堂模式

顾名思义，双师课堂模式是由两位教师共同参与教育的直播模式，这是教育与新兴科技紧密结合的产物。在这种模式下，一位教师位于直播间专注讲课，另一位教师位于教室专注课后辅导。这种起源于传统连锁培训机构的模式，在加入新兴的直播技术之后发生了显著的变化。一方面直播间的教师已经不局限于本学校、本机构或本地的教师，另一方面在讲课时教室里的学生通过直播技术可以与授课教师实时互动，解决学习中遇到的各种问题。

为了实现最佳的学习效果，在线教育直播机构开发出了一整套专业设备。主讲教师一端拥有音频视频直播设备、板书、PPT 等教学呈现技术，学生端除了可以直接观看直播的视频信号，还配有答题器、麦克风等互动设备。

成都七中开设了远程直播教学模式，请各个名师在千里之外的一个教室直播授课，各班的学生在教室看直播听课，学校教师在旁边监督、辅导、答疑。把这种形式引入课堂，实现了备课、授课、作业和考试的同步进行。

成都七中并不是用在线直播教学代替课堂教师，而是用同步直播减轻教师的负担，学生依据远程直播板书记录、学习。事实上，在这种模式中课堂教师的水平及引导依然起到关键作用，双师课堂模式的雏形由此形成。

双师课堂模式目前已进入实践阶段，进展十分明显；2002~2016 年，全国应用该模式的学校已从 4 所增至约 300 所，惠及的学生数量也从 200 提升到 6.6 万之多。而 2017 年以后，成爆发式增长。职业教育、K12 和英语教育这三个赛道的线上渗透率较高，发展进入成熟阶段。2020 年，新冠疫情发生，在线教育整体迎来爆发期，儿童编程、音乐教育、美术教育、语文素养、数学思维等细分品类的数字化转型过程加快，用户增长迅速。2020 年，我国在线教育市场规模保持稳定增长，达到 4 858 亿元。截止 2022 年整个在线教育行业市场规模将超过 5 400 亿元，K12 在线教育市场规模将超过 1 500 亿元。

双师课堂模式极大地缓解了目前国内优秀教师资源稀缺、教育资源不均衡的问题，为教育机构节约运营成本、实现最大化教师价值贡献了自己的力量。

在传统模式下，不论是学校还是培训机构，优秀教师都是抢手的资源，许多优秀教师的课程报名难，即使报上了名，由于学生多，教学质量也很难保证，而对于课后辅导等必要的工作，教师们更是常常感到力不从心。

运用先进的直播技术，教师们分工明确，主讲教师只需要做好课堂呈现和课上反馈即可，线下辅导教师则可以根据多年的授课经验，协助主讲教师答疑、辅导、查漏补缺、复习巩固、课后评测、布置作业……这种恰到好处的工作搭配大大提高了两类教师的工作效率，也提升了整体的教学质量。

目前，双师课堂模式是在线教育直播最火爆的模式之一，许多教育机构都在积极布局这一模式，包括新东方、好未来、老师好等。

（二）网红教师模式

伴随直播出现的众多网红中，网红教师已经成为一种常见的现象。2016 年一则“在线教师时薪两万超网红”的消息让网红教师一时间成为舆论焦点。“为什么网红教师收入那么高”“网红教师讲的是什么内容”“网红教师收入合理吗”，社会上关于网红教师的种种关注和质疑清晰地表达了观众对在线教育直播模式的担忧。

事实上，在直播技术的普及之下，所有直播镜头下的人都有可能成为网红。在娱乐直播中，唱歌跳舞说段子就有可能成为网红，在电竞直播中，游戏解说得好也会成为网红，那么在线教育直播中个别教师成为网红也不足为奇。

网红教师的出现是直播的社交属性发挥作用的结果。在传统授课模式下，一些能够寓教于乐的教师往往受到很多学生的爱戴。随着直播技术的加入，老师们能够面对的受众越来越多，受欢迎范围也随之扩大，形成了显著的“网红效应”。

网红教师的网红特征可以为教育机构带来可观的流量，是各大教育机构着重培养的直播人才。许多教师也跃跃欲试想要成为在线网红教师，以便获得比传统学校更加自由的工作环境和更高的收入。

但是做网红教师并没有那么容易。与一般的网红不同，做网红教师不能仅靠口若悬河、滔滔不绝。网红教师在注重互动交流的同时，还要承担传播知识技能的任务。为了拿到高薪，他们需要付出很多心血：日常生活中熬夜准备课件是家常便饭，对于直播教育课，主讲教师的关注重点在于如何在短时间内使课堂内容教授深入浅出，并随时注意自己板书、课件甚至站姿、语速等。一般来说，在线教育直播课程的时间最长 60 分钟，最短 20 分钟，传统教师备课可能只需要半天，但是直播课程的备课由于内容多、需要准备的材料多，往往需要两天甚至一周，一道看似简单的例题，也许需要刷 100 道才能找到合适的题目。

由于引流效应明显，当前，许多教育机构都在致力于网红教师的培育。

（三）平台模式

随着在线教育的兴起，教育领域不断拓展，教育内容不断丰富，促使一些有巨大流量的网站开始做教育资源直播的平台。这些平台一方面连接的是广大的用户和观众，另一方面连接提供教育服务的个人或机构。客户可以根据自身需要，选择相应的课程学习，一些确有所长的个人和机构也会在这些大流量平台上施展所长，提高在平台上的曝光率，实现商业价值。

四、教育直播哪家强

在本节，我们将对几个常见的教育直播平台进行一次小盘点。

（一）QQ课堂

QQ 群课堂是 QQ 群中，一个能够进行线上教学、讲课、学习的功能。

这个功能就在 QQ 群中，用户在选择开启后，就可以选择“直播上课”“连麦”等。用户还能够随时地查看在线人数，查看同学是不是到齐了。还可以在 QQ 群中找到“作业”功能，一键向群里所有人都发布作业。QQ 群课堂是目前各个学校比较推崇的教育软件。

（二）腾讯会议

腾讯会议具有 300 人在线会议、全平台一键接入、音视频智能降噪、美颜、背景虚化、锁定会议、屏幕水印等功能。该软件提供实时共享屏幕、支持在线文档协作。为了满足用户日益增长的云上办公需求，腾讯会议也不断对重点功能和服务升级，40 天内更新迭代了 14 个版本。

（三）泛雅

泛雅是以泛在教学与混合式教学为核心思想，以海量资源为基础，以课程为中心，以学习空间为平台的数字学习服务系统。泛雅集备课、教学活动、资源管理、网络教育于一体，成功实现了网络环境下的交互式教与学，是一个先进的学习管理平台。

五、优质师资是关键

众所周知，直播的执行者在娱乐平台是主播。同样，在教育平台上，教师是直播引流的关键因素。因此，未来教育直播发展的重心就在于如何获得优质的师资。谁能率先吸引到大量的优秀教师，谁就会在未来的竞争中占得先机。

任何一个教育机构，教学质量都是安身立命之本，而教学质量很大程度上取决于是否有一支优秀的教师队伍。无论是传统学校，线下培训学校，还是新兴的在线教育机构。

2016 年年初，多位特级教师离开公办学校，去往民办学校和培训机构的消息一时间成为舆论的焦点，传统教育行业痛惜人才的流失，培训机构则张灯结彩欢迎优秀教师的加入。这一事件从一个侧面反映出教育行业最核心的资源正在悄然流动。与此同时，一些知名的培训机构也开始出现“离职潮”，大量优秀教师去往在线教育机构。可以说，在市场经济环境中，教师资源的自由流动体现出时代的进步，也是教育行业发展的必然需求。

长期以来受教育体制的限制，大多数教师经济收入不理想，社会地位较低。2016 年一封教师辞职信在网络走红，一句“才疏不能胜任，薪酬不能持家”道出了教师工作压力大、工资待遇低的整体现状。传统教育大量的优秀教师资源与收入不匹配的现状，造成了教师的智力资源的巨大浪费，这也为在线教育兴起提供了重要的条件。

事实上，在线教育模式就是教育资源的“共享”模式，它将优秀的教育资源与教育行业日益增长的需求密切结合起来。一方面解决了广大教师收入水平偏低的问题，调动了教师的积极性，另一方面使学习者获得需要的教育资源。这种模式使教师实现了个人价值最大化，又降低了学习者受教育的成本。在线教育的多样化和便利性使得越来越多的用户成为受益者，其市场影响力日益扩大。

据相关统计显示，2016 年在线教育用户接近 9 000 万人，市场规模达到 1 506. 2 亿元，增长率高达 27. 3%，预计未来几年将持续保持 20% 左右的增速。2019 年在线教育市场规模达 3 133. 6 亿元。2020 年中国在线教育市场规模约为 4 328 亿元，较 2019 年的 3 468 亿元增长了 24. 79%。预计 2021 年的市场规模将突破 5 000 亿元，达到 5 230 亿元，同比增长 20. 84%。2021 年中国在线教育市场规模达到 4 858 亿元，同比增长 20. 2%。2023 年预计中国在线教育市场规模将达到 5 901. 9 亿元，较 2021 年增长 15%。在中国这样人口众多、重视教育的国家，前途不可限量。

教育直播时代的到来使大部分教师获得了新的发展机遇。由于收入分配机制的差异，在直播镜头下，教师的身份发生了显著的变化，从雇员变成了平台合伙人，从上班族变成了内容创业者，其职业生涯完全取决于能否持续生产优质的教学内容。如果教师对学习者产生影响、帮助其提升，形成良好的口碑，就会有源源不断的业务。因此，教师能将大部分精力都专注在教学上，有足够的发挥空间和自由时间，这符合大部分教师的初衷和意愿，也会激发他们无穷的潜力，为平台创造优质的教学内容。

作为教育直播平台，怎样吸引优秀教师越来越重要，最有效的手段就是高薪，但是与线下教育不同，在线教师还应当具备互联网思维、镜头表现力、直播互动技巧等教育直播的“标配”，因此一些优秀教师还需要直播平台为其提供相应的培训。在线教育机构要想拥有优秀的师资，务必倾听教师的需求，帮助他们解决问题，进而掌握市场主动权。

在这方面已经有一些机构做出了有益的尝试。

“疯狂老师”是中小学教育 O2O 信息服务平台，也是目前在线教育中唯一获得腾讯注资的教育平台。创始人张浩认为：名师是教育的核心，也是教育行业的稀缺资源，拥有雄厚的师资力量，就意味着抓住了核心竞争力。因此，“疯狂老师”的整个商业设计都围绕服务教师这一宗旨构建。

经过多年的摸索，“疯狂老师”的核心战略已经浓缩成两个项目：在线直播“叮当课堂”和“名师孵化器计划”。其“名师孵化器”已经分别在北京、上海等 6 大城市成功实行，并成功签约多位超级名师。在其战略发布会上，创始人公开宣布，“疯狂老师”的战略目标是通过教育直播项目在全国培育出 100 个年收入 1 000 万元以上的网红教师。在这种示范作用的影响下，大量优秀教师加盟“疯狂老师”。目前其“名师孵化器计划”已经在多个城市建立 1 000 多家“名师工作室”，为“疯狂老师”提供了大量的基础师资。

“名师孵化器”一方面针对有大班授课经验的教师扩大影响和升级课程，另一方面对于其中有互联网思维的教师，通过专业培训助其开发出适合直播的教育产品，通过线上平台进一步扩大影响力，最终打造类似于韩国 Megastudy 机构中的高收入名师群体。高收入又能吸引更多的优秀人才进入教育行业，发展教育业，激励原有的草根教师努力钻研教学工作，向名师看齐，提升整体教育水平。最后，名师将会和网红一样成为一种强大的商业资源，变成平台制胜的撒手锏。

良好的师资是教育机构的核心竞争力，因此“名师”“网红教师”才会一直被争抢，一直显得“稀缺”。一个优质的教育直播平台不仅能够靠高收入的蓝图吸引到优秀的师资，还能够在教师在职期间提供相关的服务和培训，如产品使用、直播经验，做到“一切以教师为核心”。只有吸引和培育了大量的优秀师资，才会不断为学习者提供优质的直播内容，创造出良好的口碑，产生可持续的经济模式。

六、形象好可提升流量

一直以来，教师中流行一种现象，在同等教学水平下，形象好，也就是所谓的高颜值教师更受欢迎。根据英国《镜报》的一篇报道，教师颜值越高，学生的成绩越好。美国学者甚至据此做了一个实验，他们选取 131 名成绩中等的学生收听音频课程，在此之前分别被要求看两张照片，一张颜值较高，一张颜值一般。在学习完课程之后的考试中，那些看到高颜值教师照片的学生成绩比较好。这种现象表明，教师的颜值会影响其教学过程和教学效果。

这似乎与我们固有的认知存在矛盾，因为在教育行业我们一直更加注重教师的教学能力，对颜值没有给予太多的关注。我们一直认为，只要专业水平提升之后，“颜值”自然就上升了。

但事实证明，高颜值确实能够为教师带来更多的吸引力。

教育直播的火爆导致每个在线教师都可能被成千上万的人看到、听到，与传统教学模式不同的是，直播模式下每位教师都必须格外注意自己的颜值。因为，拥有高颜值的人能够更快地获得关注和流量已经是一个不争的事实。

互联网经济的核心就是关注度，而颜值高具有天然的吸引力。因此，在直播中出镜的教师除了在业务领域内刻苦钻研，也要时刻注意自己的形象。颜值引流在互联网时代屡试不爽。

各大在线教育机构在激烈的竞争环境中，搭上“颜值”便车吸引生源的例子也屡见不鲜。其中沪江网校 HJC48 团体的推出是最具争议的一件典型案例。

2016 年沪江网校校庆期间，宣布推出国内首个班主任女团 HJC48，目的是鼓励学员更好地学习。HJC48 由学校 48 名 90 后女性班主任组成，平均年龄 24 岁，颜值在线，气质出众，拥有大批粉丝的 HJC48 推出之后登上娱乐头条，并发布了“不毕业的甜蜜约定”，发行首支舞蹈 MV《更好的自己》，并有进军娱乐圈的计划。一时间在教育界引发巨大的争议，一些人认为这种形式颠覆了传统教育行业班主任的刻板形象，为教育行业吸引关注提供了新的方式，会让学生更加专注学习。另一些人则认为这种哗众取宠的营销方式避重就轻，完全偏离了教育行业最重要的核心价值，而且这个“山寨女团”破坏了教育界的整体形象，必须杜绝。

从沪江网校的角度来讲，面对在线教育市场越来越激烈的竞争，被迫放弃传统招徕“名师”的模式，采取声势浩大的娱乐化方式吸引生源也属无奈之举。至少这次事件，“颜值”“娱乐”的关键词在教育界成功地制造了话题量，引发争议的同时，也产生了明显的广告效应。

在直播模式下，颜值是一个回避不了的话题。与娱乐主播类似，在线教师可以称之为教育主播，他们同样需要自己把控直播期间的主要内容，但是要想获得长期稳定的收益，利用社交网络，塑造个人魅力是关键一环。尤其是开始直播时，留给学习者的第一印象尤其重要。现在在线教育平台多，教师多，学生的选择也多，如何在众多教师中脱颖而出，是关系教师生涯能否长久的重要问题，也是教育直播平台能否持续盈利的重要因素。据报道，在线教师的招聘中，颜值已经成为一个重要的考核指标。

对教育直播机构来讲，在线教师的形象在直播初始阶段的重要性不言而喻。一个在线试听课中，教师的服装、言谈、举止都会决定学生对他的第一印象，决定是否购买课程。在教学过程中，教师的表情、语言和行为会对教学效果产生重要影响，也会决定对教师行为的反馈评价以及口碑等。因此，对教师的形象做出合理的要求是必不可少的。

众所周知，教师职业是一个注重内涵和气质的职业，教师的外在形象能体现出内在的修养学识、思想素质。作为知识和文明的传播者，外在形象在很大程度上会对学生产生潜移默化的影响。因此，教师的颜值和形象不仅关系到浅显的印象和评价，还关系着教学效果。随着互联网的普及，人们对外在形象的要求与日俱增。爱美之心，人皆有之，甚至现在的中小学生也会更喜欢形象好的教师，许多学生对教师的印象大部分来自外在形象，只有接受了形象才会接受课程的内容。因此，要从保证教育效果的高度来认识教师的外在形象，作为教师，塑造其形象应该从以下几方面入手。

服装。教师的着装是最先受到学生关注的一种形象，其直接传递着本人的教养品位等相关信息，得体的服装不仅可以给学生留下良好的印象，更可以传播教师的隐形影响力。教师的服装务必简洁大方，符合职业特点。

表情。适当的表情会无形中拉近教师和学生之间的心理距离，提高教育的效果。教师一个温暖的微笑，在学生看来就代表教师的友善、肯定，会使学生获得轻松的学习心态，获得更好的学习效果。

心态。面对课堂的突发问题，教师的积极得体应对是非常重要的。一个对工作持积极态度的教师会在无形中给学生精神力量，每次直播中都以阳光的心态面对学生，会引发学生的模仿和遵循，产生更好的教学效果。

语言。讲课是教师的基本工作内容，所以语言的重要性不言自明。在线教育放大了学生群体的数量，同时也放大了教师讲课的影响力。因此，在课堂上，教师对专业知识的滔滔不绝、妙语连珠会吸引学生的注意力，提升教学效果、树立在学生心目中学者的形象。

总而言之，在线教师在提升专业水平的基础上，一定要注意颜值对教学效果的重要作用。通过一些必要的途径提升颜值，以便获得较好的流量和口碑。

七、勺子课堂：教育 + 直播 +餐饮的混合效应

2016 年 6 月 6 日，掌柜攻略（餐饮行业的产业新媒体）宣布获得千万 Pre-A 轮融资，并表示资金将主要用于勺子课堂建设，西贝餐饮是投资方之一。2016 年 12 月 26 日，麦当劳亚洲区前副总裁李明元以个人名义入股勺子课堂，入股资金达数百万元。至此，勺子课堂 Pre-A 轮融资达到 3 000 万元。在这之前，勺子课堂已经赢得了西贝创始人贾国龙、嘉和一品创始人刘京京的青睐，成功拉他们入伙，而且已经和多家知名餐饮企业如海底捞、西少爷肉夹馍、木屋烧烤、桃源眷村、江边城外和井格火锅等展开深度合作。

受到如此多关注与看好的勺子课堂到底是何许“人”也？下面就让我们一起来认识一下它。

勺子课堂是掌柜攻略旗下主要面向中小餐饮企业、商家的在线直播教育平台。2015 年年底，“掌柜攻略”创始人宋宣确定了其盈利方向——餐饮行业在线直播教育；2016 年 3 月，餐饮教育平台勺子课堂正式运行。

勺子课堂目前没有 App，由微信公众号和网页两个板块组成。两个板块的内容基本相同，公众号内容是网页内容的缩减版。

以网页为例，我们来进一步了解一下。

点开勺子课堂的网页，可以看到勺子课堂的注册学员数、课时数和独家讲师数，这些会让用户首先对它的规模、师资力量有一个大概的了解。下面紧接着是各种课程，包括最新上架的课程和推荐课程等，具体课程包括直播、录播、PPT 讲解，价格依次递减。网页最下面是掌握攻略，这是勺子课堂的一个重要内容支撑。用户可以直接点开推荐课程或新上架的课程，如果觉得合适，注册（填写所在地区、经营餐饮品牌、职位）后付费，即可学习直播课程，课程价格从 99～1 099 元不等。当然，也有免费的直播课、录播课、PPT 讲解，但也都必须注册才能观看。

勺子课堂的授课方式一开始主要是线上课堂，后来根据需要开设了线下课堂，盈利主要是线上课堂变现。现在，变现已经不是唯一目的，因为

其已经形成健康的现金流。如宋宣所说："拿钱的目的是为了更大、更快地发展，构建勺子课堂的经营壁垒。""去年（2015 年）11 月，我们在国家会议中心办了第一场比较大的线下活动，当时效果我简直惊呆了。餐饮人太爱学习了！你知道吗？当时活动办到晚上 8 点，全场还是满的，但是我们（掌柜攻略）和酒店定的时间到了，当时场地方说，不停止就断电，我们的人差点儿和酒店的人吵起来。"在一次接受采访时，宋宣说出了他开发勺子课堂的诱因。他从那次经历看出了线上教育的市场空间。

目前，勺子课堂线上显示的注册人数是 35 906 人，课程学时是 288 小时，独家讲师 109 人。也就是说，勺子课堂已经至少为 35 906 人提供了在线餐饮指导课程，付费用户早在 2016 年就已经达到 1 万余人，直至 2020 年勺子课堂已上线 70 多节课程，拥有 3 万多注册用户，10 300 名付费用户，12 月流水高达 70 多万。那 2022 年的付费人数可以想象。勺子课堂还举办了不少餐饮行业公开课，在业界算是小有影响。

勺子课堂能在餐饮教育行业脱颖而出，有其特有的原因。行业定位准确。目前职业教育市场偏重 IT 行业，因为行业特点，它本身就与线上教育联系紧密，发展相对饱和。与其相比，其他行业的线上职业教育发展空间更大。勺子课堂选择开发餐饮行业的在线直播教育与掌柜攻略主营餐饮有关，但实际上也是看到了餐饮行业线上教育发展的巨大市场空间。简单来说，就是本身具有餐饮行业的优势，做这个的人又少，发展空间大。

勺子课堂抓住了这个发展机遇。目标群体恰当。勺子课堂的目标群体很明确：中小型的餐饮企业、商家。这个目标群体非常合适因为中小型餐饮企业的领导者一般都需要坐班或全天待在店里，他们没有多余的时间和精力参加职业培训。勺子课堂的开设既能使这些人接受在线职业培训，又不用他们费时费力地到培训班去。这非常切合中小企业、商家的需求，自然会吸引不少人尝试。

收费标准合理。勺子课堂的线上课程收费价格从 99 ~1 099 元不等，随着课程上架时间的变化，还会对上架时间较久的课程减价，比如最初上架的一批原价 99 元的课程，后来优惠到了 14.9 元。线下培训的课程收费标准也基本在 2 000 元以下，这些价格都在中小餐饮企业、商家的可接受范围内而且，这些费用很可能换来更大的利润，他们自然愿意尝试。

课程内容质量高。课程质量是勺子课堂成功的关键。一方面，勺子课堂的课程内容都非常有针对性，在课程安排、进师讲解等方面都力求精细。一门课程适合于有哪些运营需求、规模多大、是否开分店、开多少家分店的餐饮业业主，勺子课堂都会非常明确。另一方面，有掌柜攻略的内容支持。又经常引入关于国内外餐饮行业发展趋势、餐饮与科技的融合等内容。内容比较鲜活和有深度。为了发展，勺子课堂不惜重金邀请优质讲师，这也是课程内容质量高的一个原因。

勺子课堂教育+ 直播+餐饮的新尝试，不但让我们看到了教育+ 直播的大好发展前景，而且看到了教育直播在不同职业教育方面的发展空间，这个发展空间有待创业公司去开拓。

第三节　增强体验感的直播+旅游

一、在线直播：旅游产业新趋势

直播和旅游的融合体现出旅游产业作为一种轻经济形式灵活的一面。当直播技术日益成熟，直播的层次越来越深入地向垂直领域渗透，“旅游+直播”将作为全新的推广方式拓展旅游产业的发展前景。

放眼今日的旅游产业，我们可以看到很多业内公司为了自身的生存和发展，纷纷开始了旅游直播化的尝试，网络直播特有的灵活性令旅游营销的边界得以持续拓宽。途生、同程、携程、去哪儿网等在线旅游巨头切入直播的大动作，在整个旅游产业转向网络化的大背景下仅是冰山一角。

早年纷享世界和优酷正式建立战略合作关系，未来双方会在直播、旅游等细分市场深入合作，由双方共同制作全网第一档旅游直播节目。

纷享世界是澳达控股集团旗下位于北京的子公司，公司的主要业务是定制旅游的网上预订，通过“1+1”的专业旅行策划，力图建立一个以“深层次体验”与“私人化定制”为中心的针对千家万户的智能化定制旅行平台。结合网络技术，纷享世界能够满足各类家庭在旅行过程中对景区、机票、美食、演出、车辆等方面的私人定制需求，并具备旅游产品网上预订“一条龙”支付功能。

景区、旅行社等旅游业利益相关方都可以利用直播丰富多样的展现形式增强游客对旅游线路的感性认识，进而带动网上销售。从上述案例中，我们已经看出已有一部分旅游品牌正在积极探索旅游直播领域，这种大胆的尝试也为“旅游+直播”模式的发展树立了路标①。

直播是目前中国传媒市场中最具发展潜力的媒体形式，不仅坐拥时下最先进的视频技术，而且在广大网民群体中颇具品牌影响力的直播平台已经出现。这些直播平台上有当今中国市场最活跃的潜在消费群体，旅游产业经过近 40 年的发展也进入了专业化、深层次的转型阶段。旅游业与直播平台的合作是推进前者消费体验升级战略的重要措施。当越来越多的优质旅游资讯集中于直播平台时，直播就将取代传统的平面媒体成为旅游营销的主要手段。

伴随各公司和品牌商纷纷试水直播营销，现在谈到直播，人们的印象早已不再只是形形色色的“网红”。旅游和直播共同的休闲属性让二者似乎具备天然的合作可能，和传统的营销方式相比，直播营销更容易激发旅游者的共鸣。相信随着旅游直播逐渐为更多人关注，直播也会像火热的微博、微信那样，成为旅游产业对外展示旅游产品的重要窗口。

二、更美好的旅游体验

目前，国内消费者对旅游产品的需求持续升级，传统的价格战已经不

---

① 尹峙．“互联网+”背景下旅游目的地的旅游直播营销研究［J］．经贸实践，2017（17）：129.

能获得日益挑剔的旅游者的认可，优化的旅游度假线路、优质的酒店和出行服务将成为消费者选择旅游产品的主导因素。旅游直播模式恰好能够给予观众身临其境的感受，主播们前往旅游地亲身体验拍摄的场景带给观众真实的视觉体验，直播的不可剪辑性又树立了旅游公司真实可信的形象。可以说，“值得信赖”是观众认可旅游直播的首要因素。

直播帮助旅游业解决了长期以来一直存在的问题——如何赢得消费者的信任。那么除了真实直观，旅游直播还在哪些方面促进了旅游业的发展呢？

（一）旅游直播提升旅游业发展的经典案例

早年九寨沟、青城山-都江堰举办了景观直播活动，将景点的绚丽景色以直播的方式展现。这场景观直播以九寨沟、青城山-都江堰景区的官微作为主要载体，哔哩哔哩直播、熊猫直播、虎牙直播等直播平台全网同步直播，用在线直播的形式展现景点的美景，实际上为旅游景点的智能化建设找到了突破口。直播不光为广大观众提供了无须出门就能观赏景点初春景色的机会，而且首次以深层次、多角度的形式展现了即便置身其中也不见得能一睹真容的壮美景色。

此次直播活动至少吸引了 18 万名观众在线观看，如花似锦的美景加上独特的观看体验赢得了观众的一致好评，纷纷在评论区留言，表达自己对旖旎风光的赞美和对前往景区游玩的向往。

九寨沟、青城山-都江堰两个景区利用直播宣传自然景观，是景区旅游开发“走出去”“网络化”的第一步，同时也为向往九寨沟、青城山-都江堰美景又无暇前往的公众提供了一种全新的游览方式。

如果说九寨沟、青城山-都江堰联合开展的直播活动打响了景观直播的第一枪，那么龙门石窟专业直播平台的上线则开创了中国景区“慢直播”的先河。

有别于人们印象中短则几十秒，长则数小时的普通直播，慢直播采用的是将高清镜头安置在景区的重点角落、24 小时连续放送的长期陪伴式直播。在慢直播平台，“游客”们不必走马观花地快速游览，完全可以放松身心、细细欣赏。此举极大地方便了那些旅游时间有限又想深入体验龙门石富魅力的游客；拿着手机，打开 App，就可以足不出户地欣赏四季龙门的山光秀色。

从实际反馈中可以看出此次龙门石窟进行慢直播起到的良好效果。此次直播仅开放了龙门桥和西山石窟两处游览区，但开播的第一个月就有超过 4 万人通过慢直播平台参观了龙门石窟。后台数据显示，在慢直播 24 小时的直播过程中，深夜 3 点还有观众在线观看，可见其受欢迎程度。

上述案例中的景区一南一北，自然人文差别极大，但在对外宣传中不约而同地采用了直播这一推广方式。事实证明直播平台的接入确实为景区赢得了良好的社会反响和可观的经济利益。旅游的本质在于审美和娱乐，而旅游+直播的营销模式正好抓住了这两个本质：观众在充满代入感的观看过程中，不仅得到了美的享受，而且收获了快乐。

（二）旅游直播对旅游行业发展的促进作用

旅游+直播激发了很多潜在旅游者的好奇心，也为旅游行业的发展提供了新的支撑。从前述两个典型案例中，我们可以发现旅游直播对旅游产业发展的促进作用至少表现在五个方面（见图 6-4）。

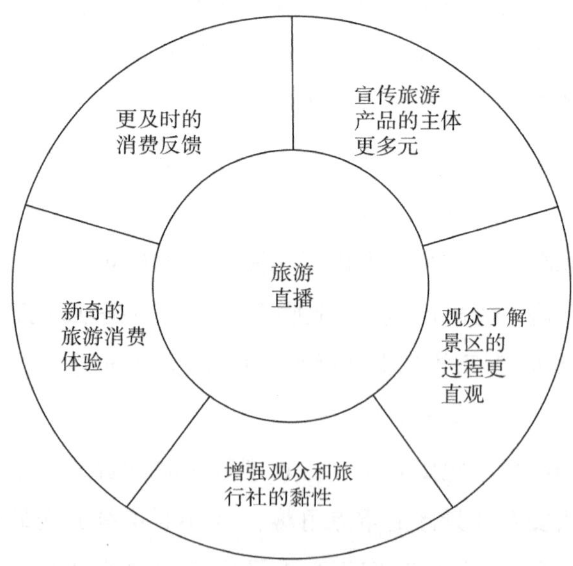

图 6-4 旅游直播对旅游行业发展的促进作用

宣传旅游产品的主体更多元。直播的草根属性降低了旅游宣传的门槛——旅游宣传再也不是代言明星的特权，只要是你热爱旅游、喜欢分享，人人都可以在直播平台上成为景区的“宣传推广大使”。

观众了解景区的过程更直观。直播的实时性让观众宛如身临其境，直播过程中不可预测的各种意外会促使观众产生亲自前往一探究竟的悸动。

增强观众和旅行社的黏性。直播的互动性让观众和旅行社、景区等旅游企业的直接沟通成为可能，旅行社可以在直播中表达自己的想法，观众也可以提出建议，这对消除误会、增进游客对景区的感情有积极的作用。

新奇的旅游消费体验。旅游+直播不仅是一种新型的营销模式，而且能衍生出全新的消费体验。景区可以在直播中售卖纪念品、获得打赏，这些形式都可以在无须观众亲自到访的情况下实现盈利。

更及时的消费反馈。旅游直播和平面媒体、电视等旅游宣传渠道最显著的区别是，旅行社可得到观众的即时反馈。这不仅有助于旅游企业及时调整营销策略，而且能大大提高旅游企业的变现效率。

在互联网飞速发展的今天，网络媒介对人们出行的影响越来越明显，在线直播的形式能使消费者在欣赏内容的过程中不知不觉地接受旅游产业的宣传信息，继而萌生旅游的想法。这对需要实现自我突破的旅游产业来说是一条值得尝试的路径。

三、模式突破：内容+推广

总结目前旅游+直播的成功案例，我们可以将旅游+直播模式划分为两种：一种重在提供优质内容，另一种重在捆绑优质资源。

（一）用户原创+专业生产

直播的灵魂在于内容，对强调互动性和体验感的旅游直播来说更是如此，只有内容具备了足够的话题性，潜在旅游者才会关注旅行社进行的直播。众口难调自不必言，有人喜欢北方的冰雪世界，有人喜欢南方的热带风情，一味地将直播内容限定在固定的范围不可能达到传播效果的最大化，只有将用户原创内容和专业生产内容一起加入直播，才能最大限度地聚拢人气。

在这方面，携程无疑是个中好手。早在 2016 年 3 月就切入直播领域的携程是在线旅行行业第一个试水“旅游+直播”模式的公司，旅游达人和普通游客都可在携程的直播间与观众分享自己的旅行经历。

从携程的首档自制综艺节目来看，携程的直播模式已从单纯的用户生产内容（User-generated Content，UGC）升级为专业生产内容（Professionally-generated Content，UGC+PGC）。用户生产内容的优势在于有效贴近大众，并能在短时间内低成本地批量生产，专业生产内容的目的显然是取得更深入的宣传效果，通过与直播平台的多层次合作更有利于旅行社完成品牌传播和流量变现的目标。

（二）捆绑优质资源，提升知名度

企业通过直播平台开展各式各样的宣传活动，本质上是为了提升知名度，博得公众的好感，继而为发展创造良好的舆论环境。从这个角度来说，直播的首要目的在于维护企业的公共关系和社会形象。当携程在直播的内容方面投入大量精力以期吸引更多受众时，途牛则将目光投向公共关系。毫无疑问，途牛是在线旅游行业中的异类，途牛在正式上线的前两年竟把在线旅游做成了一个巨额亏损的业务。寻根溯源，人们会发现造成这种局面的原因不是经营不善，而在于途牛独特的营销方式。途牛早年就已经开始近乎狂热地赞助综艺节目，如《中国好声音》《最强大脑》《花儿与少年》等知名综艺节目中都可以看到途牛的身影。当然，每档节目赞助费都像压在途牛身上的巨石。通过烧钱，途牛迅速积累了人气，很多观众将对综艺节目的热情转移到了途牛身上。对途牛来说，这种快消营销提升了它的知名度与美誉度。

在电视节目传播中初尝甜头的途牛自然也将这种屡试不爽的烧钱做法运用到了直播中。它先是建立了影视公司，接着又和花椒直播建立战略合作关系，开辟了旅游直播专区，签约了花椒旗下多名人气艺人。不仅如此，途牛还与花椒直播合作制作了专业旅行节目《超级自由行》和《牛大嘴》。在此之前，途牛还力邀王祖蓝、李亚男夫妇进行明星旅行直播，一下吸引了多达 90 万网民关注。接着又请知名演员颜丹晨进行了邮轮直播，最终通过直播获得了 100 万元的惊人销售额。

可以看出，途牛的直播营销模式是将品牌形象和优质的直播平台长期绑定，并进行深层次的战略合作。这更像是传统的综艺节目冠名模式，企业借助颇具影响力的直播平台来宣传自己，利用观众“爱屋及乌”的心理提升企业的知名度，这就是途牛的打法。从公共关系活动传播的角度来看，途牛可谓棋高一着。对于这种借力打力地实现营销目的的旅行社来说，原本的品牌价值并不重要，通过万众瞩目的公共关系活动获得良好的美誉度才是最重要的。

四、流量变现：旅游营销的第二次革命

在线旅行社（OTA）的出现将传统的实体旅行社转移到了网络平台上，让原本传播途径有限的旅行信息一下子传递到了五湖四海，掀起了旅游产业营销推广的第一次革命。直播平台的崛起可能会引发旅游产业的第二次革命：鲜活的直播内容让观众得以更直观地感受景区动态，互动式沟通则简化了咨询购买流程。

曾经尝到过旅游网络化甜头的 OTA 当然不会放弃旅游直播探索。而一些大型直播平台也纷纷与 OTA 跨界合作，意图抢占旅游直播这块市场。直播平台拥有庞大的消费群，他们极易受人气主播的影响，同时也对旅行充满了向往。将这些消费能力旺盛的群体带来的流量变现，是各大 OTA 开展旅游直播的原动力。

旅游+直播这种形式打破了传统营销平台只能依托图片和文字描述旅游这种私人体验活动的单调性，并加进了直播那种亲临其境、即见即得的体验感。直播打破了时间和空间的限制，让直播间内的各种流量都有机会变现。从以下 3 个案例中，我们可以看出各大 OTA 是如何通过试水旅游+直播来实现流量变现的。

（一）途牛影视与花椒直播的合作

早年途牛影视和花椒直播达成战略合作协议，共同制作《超级自由行》《牛大嘴》两档旅游直播节目。

途牛影视方面称，通过此次合作，途牛可以在一年内为其旅游直播频道提供旅游目的地数量多达 1 000 个的直播，并会开通直播专属入口，和花椒旅游直播频道相接驳，最终创建一个全天候直播的旅游购物节目。在随后开始的直播活动中，途牛官方通过直播形式派发旅游券，最终的成交额超过 100 万元。

随后，途牛影视又和花椒直播对外宣布开展第二次战略合作，未来双方会在制作旅游直播节目、开辟旅游直播频道、探索直播商业化等多个领域合作。

紧接着，在 2016 年 7 月 12 日举行的途牛机票酒店战略发布会上，途牛邀请了 108 名花椒主播对发布会的全过程开展了现场同步直播，开创在线旅游行业先河，直播的覆盖人数超过 300 万。

（二）去哪儿网联合斗鱼

在 OTA 行业的另一个巨头去哪儿网也做了旅游+直播方面的尝试。去哪儿网与斗鱼携手发布了“旅游直播”特别节目。在节目中，10 多位网红主播分别奔赴香港迪士尼、广州长隆、四川九寨沟、泰国普吉岛、韩国济州岛等 8 个热门旅游景区。这场旅游直播历时 10 天，直播场次达到了 16 场，每场直播的时长都超过 3 小时，同时在线人数高峰时达到了 81 万，低谷时也有将近 10 万人次。

和这场直播同时进行的是去哪儿网“519 疯游节”活动，除了 1 元入住等超低价格的旅游产品外，人气主播元素也成为此次活动的闪光点。

去哪儿网联合斗鱼开展的一系列直播活动不仅提升了去哪儿网的知名度，也为去哪儿网后续的促销活动积累了人气。原来待在直播间的主播拿着手机带领观众游览名山大川的钟灵毓秀，感受形态各异的风土人情，品尝回味无穷的特色美食……这些都令观众感受到多样的直播乐趣，并大大提升了去哪儿网的在线订单量。

（二）携程联手哈你直播

携程和陌陌旗下的哈你直播联手推出了一个 8 小时的直播。直播从上午 9 点开始，哈你直播知名主播瑶瑶带着观众先是游览了上海迪士尼全世界首发的蒸汽船米奇喷泉，接着参观了同样是全球独一无二的海岛主题公园的宝藏湾，随后又参观了奇想花园、明日世界、梦幻世界等独具特色的地点。

在长达 8 个小时的直播中，瑶瑶带着观众足不出户地游玩了刚刚开园、在观众心中还略显神秘的上海迪士尼乐园，并加入了极为吸引人的特别环节——“200 元会不会被饿晕”。

通过这场体验直播，携程把上海迪士尼最真实的一面展现给了观众，令不能亲自前往的观众也拥有了直观的游览感受。

对 OTA 而言，当前的发展已明显陷入瓶颈，网上预订旅游产品的便捷性早已不再是用户选择在线旅行社的理由，OTA 亟待在新的体验形式和传播内容上找到突破口。而通过为室外真人秀提供赞助或亲自制作旅游型综艺节目可以产生明显的话题效应，并引起消费者的注意，这为 OTA 的引流与变现打下了基础。

另外，直播界面简单直观，画面比传统的平面媒体更为讨喜，所以 OTA 若在直播中加入自己的旅游产品的链接和广告，观众会更乐于接受。从目前的反馈来看，多家 OTA 都表示观众在旅行直播中预订相关旅游产品是非常容易操作的。当实践证实了期望，在旅游 + 直播模式中蕴藏着的实现流量变现的机会数量将相当可观（见图 6-5）。

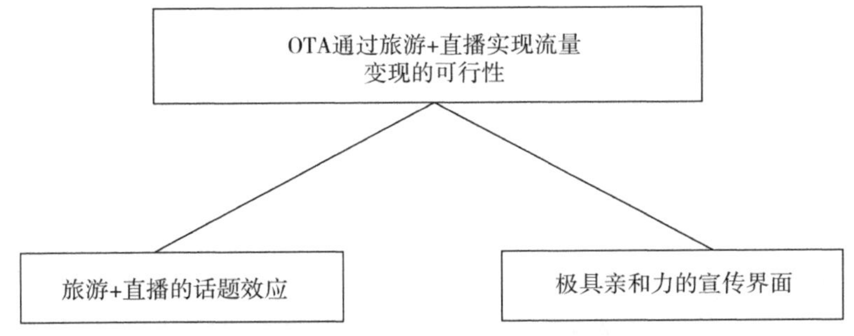

图 6-5　各大 OTA 试水旅游+直播实现流量变现的可行性

新故相推，日生不滞。7 年前 OTA 改变了旅游业的面貌，未来直播也将彻底顺覆 OTA 的引流与变现方式。将来在旅游直播的发展中，OTA 还会探索出哪些引流与变现方式，我们拭目以待。

五、旅游为体，直播为用

现在，饱受无序竞争、巨额亏损等症结困扰的旅游业急需一支强心剂来“涅槃重生”，自带流量、粉丝和潜在消费群的直播似乎是旅游业革除行业弊端的一剂“良药”。直播给了旅游从业者充分的想象空间。但是在直播平台上漫无目的地烧钱不仅难以提升旅行社的业绩，反而会吹起又一个虚无缥缈的资产泡沫。旅行社要想真正在直播中取得实际效果，就必须在参与直播的过程中把握住旅游业直播的关键，打造出一个行之有效的引流与变现闭环。

在一些旅行社对直播营销的实际探索中，相关从业人员发现旅游的本质、直播效果、景区定位和销售这四点直接影响到了旅游直播的成败得失，因此这些方面也就成为旅行社在进行直播营销的过程中必须考虑的关键因素。

（一）旅游的本质

对于旅游直播这种新型的营销方式，旅游业内其实一直存在争议。从一开始对旅游+直播模式技术可行性的探讨，到对旅游直播是否只是营销噱头的争论，再到最后直播能否真正转化为收益的讨论，在旅游直播发展的每个阶段，行业内外的质疑声从未平息。

面对外界的纷纷扰扰，旅游直播的探索者必须时刻保持头脑清醒：旅游直播的本质在于“旅游”，而不是“直播”；旅游是目的，直播只是一种手段。只有充分认识到这一点，旅游业营销人员才能清醒冷静地看待旅游直播，尽快确立科学的旅游直播商业逻辑与打法。

中青旅宣布和中国最具规模的短视频公司一下科技开展战略合作，双方将在旅游产业的四大领域携手制作与旅游相关的直播节目，以期打造一个管传、销售一体成型的旅游视频生态网络——旅游视频联盟。该旅游视频联盟未来将向各类旅游监管机构和旅游企业开放，并进驻一直播、秒拍等其他直播平台，实施旅游产品定制、渠道销售等“一条龙”直播营销解决方案。

中青旅在与各类直播平台合作的过程中始终围绕着“旅游”二字做文章，制作直播节目是为了宣传旅游产品，打造视频联盟是为了增强其在旅游业的话语权，而提供一整套高效解决方案则直接是为了旅游产品的销售。所以，中青旅在和直播对接的过程中始终没有“跑偏”，达成预期效果也就成为意料之中的事情。

直播由于其网络属性，很容易成为资本竞相追逐的风口，但是这种热度并不能持续，脱离实际的炒作终究会如肥皂泡破灭。而旅游行业虽然有网络化的表现，但是其产品需要依托实体景点的特性并没有发生改变，因此在进行直播营销的过程中，旅行社来不得半点儿糊涂。旅行社应当让直播成为公司旅游产品对外展示的窗口和重要的销售渠道，而不应沦为哗众取宠的道具。旅游直播究竟是光明大道还是虚幻泡影，选择权掌握在旅行社营销人员手中。

（二）优化直播效果

受直播环境和技术条件的限制，目前旅游直播相对于固定的室内直播成像质量并不高，模糊的面面常常令观众眩星量。频繁摇晃的摄像头和相对单一的体验过程也容易引起观众反感，这种问题在目前的旅游直播实践中曾多次出现。同样是受技术条件的限制，观众要想在直播平台上直接购买旅游产品，目前来看还比较困难，即使有的在线购买功能已经上线，从观众的反馈来看，直播旅游消费体验还不是很成熟。

对此，旅行社在开展直播营销的过程中，应当重视对技术的升级和对用户消费体验的改善，不能将营销内容放在直播平台上“一播了之”，而应在直播过程中时时注意优化直播效果。

（三）旅游直播的景区定位

旅游直播的景区定位对旅行社来说具有举足轻重的作用。

在开展直播之前，旅游景区必须首先对自身有清晰的定位，让景区和主播、直播形式相契合，这样才能将景区的卖点自然地传递给观众。否则景区和主播的形象错位会让观众在看直播的过程中尴尬不已，满满的“违和感”甚至会导致观众心生反感。

譬如对于文化内涵深厚、目标人群是普通百姓或是一般中产阶层的景区，请明星大腕做主播显然推广效果更好。假如是以体验和娱乐为主要卖点的景区，请网红做主播的呈现效果显然更佳，而且成本更低。景区定位和主播、直播形式的搭配效果会直接影响旅游直播的转化率。

（四）加强产品销售

旅游营销的终极目的在于盈利，而盈利的来源主要是旅游产品的销售。如果旅行社在直播过程中只强调视觉效果，不重视甚至忽略销售环节，那么旅游直播会沦为“口惠而实不至”的无用功，所以任何旅行社在直播过程中应巧妙设计多个实现销售的机会。

从目前来看，旅游直播中的销售无非还是通过在直播界面直接打广告、限时优惠、打赏等常见手段，但是随着直播平台商业化的深入，相信未来旅行社能探索出新的直播平台销售模式。

诚然，旅游直播作为时下移动互联网催生的一种传播方式，对经济平稳期大背景下的旅游业具有一定的推动作用。但是掌握先进的传播工具并不意味着一定能产生显著的效果。旅行社在直播平台盲目扩张会让尚不成熟的旅游直播提前陷入白热化竞争，只有紧抓旅游业直播化的关键，旅行社才能真正成为旅游直播的受益者。

六、体验式营销：激发年轻群体的共鸣

旅游直播因宣传方式的即时性契合了当下年轻人的“疯游”精神，在整个直播过程中，对旅游的理解和诠释更容易激发年轻用户的共鸣。这一独到优势正是很多旅游推介主体为旅游直播投入大量资源的原动力。下面结合两个经典案例，谈谈旅游直播这种体验式营销对年轻受众的巨大影响。

（一）县委书记直播翼装飞行

2016年，湖北巴东县的时任县委书记陈行甲为推广巴东县的旅游，亲自上阵直播了一场3 000米高空翼装飞行活动。

因为现在年轻的游客大部分都喜欢翼装飞行之类的极限运动，而巴东正是翼装飞行世界杯比赛的分站。全球具备翼装飞行能力的人极少，巴东分站赛一下就来了13人。刺激而又小众的运动往往更能吸引那些追求新奇体验的年轻游客，这是推介巴东旅游的重要契机。陈行甲以前就曾多次登台献唱宣传当地旅游业，这次又“不走寻常路”。相比唱歌，从未有过高空跳伞经历的他决定尝试翼装飞行。

陈行甲在空中纵身一跃并将巴东旅游旗帜打开的直播一经播出，很快就火遍了整个互联网。据统计，第一时间发布这段视频的巴东电视台微信公众号累积点击量超过7万次。凤凰体育、湖北卫视等媒体都在现场进行了直播，甚至连中央电视台都对这场活动做了跟进报道。

这场翼装飞行的直播火遍全网之后，巴东县旅游业被点燃，很多年轻游客慕名而来。在节假日等旅游旺季，巴东的酒店住宿甚至一房难求。

县委书记直播翼装飞行作为一场旅游推介活动，一经开播就吸引了大量观众，旅游+直播为什么如此受青睐？因为这种宣传方式的目标受众是年轻一代，年轻人偏爱新潮、个性、新鲜、有趣的事物，直播正好具备这些特色，比起千篇一律的大幅广告，他们更喜欢直观的宣传。

（二）乐可旅行推出年轻人专属旅游直播

如果说县委书记陈行甲直播翼装飞行只是对旅游直播这种体验式营销的个人探索，那么乐可旅行推出年轻人专属旅游直播则是对旅游+直播营销模式的专业实践。

有别于常见的泛娱乐直播，乐可旅行的主播团队由科班出身的人员组成，专业的线路设计团队会从个体出行的角度入手，为那些有个性化旅行需求的年轻游客量身定制旅游直播节目。

中国第一档国外旅游全程直播栏目《迷の东京》在乐可旅行和映客直

播同步上线。《迷の东京》的主要内容以年轻游客喜闻乐见的元素为主，从充满二次元气息的海贼王主题博物馆到“电器之都”秋叶原、从《灌篮高手》经典片段的原型场景镰仓高校到日本传统文化的代表浅草寺，所有能够体现青春时尚文化的典型景点都包含在了这场旅游直播节目中。在包罗万象的同时又不失主播的特色，这种营销方式很符合年轻人的口味。

在《迷の东京》直播中，既能够以主播为主体带领观众实时游玩，又可以让观众做主，让主播按观众建议的线路游玩，主播和观众在旅行的过程中充分互动。这样既符合极具网络思维的年轻人的随性，又能在身临其境般的直播体验中激发年轻受众对旅行的兴趣。

据统计，观看网络直播的观众中，28 周岁及以下的年轻人超过 70%，这些人每天平均观看时间超过 130 分钟。这批 85 后、90 后的在线直播用户对旅游的热情同样很高。因此，各旅行社可以借助旅游直播的影响力，打造专门针对年轻人的小众特色旅游产品。

今日年轻人的消费呈现个性化、娱乐化、多样化的需求，旅游企业在旅游直播节目设计上，不妨多推出一些诸如跑酷团、动漫团之类的产品，以赢得年轻用户中的小众群体。小众的“小”不是消费群体的规模小，而是需求的小众与独特。因为互联网与移动互联网平台打破了消费群体在时间与空间上的桎梏，只要拥有相同的价值观与相同的个性化需求，即使分散在不同角落、不在同一时间轴上的消费者，也可以通过网络平台聚合在一起，并展现出极强的购买力。因此，当小众消费群体通过粉丝、圈层、社群等渠道慢慢壮大自己，向外蔓延，形成庞大而稳定的生态圈，小众思维也必将成为大众逻辑，小众经济也必将占领大众成为“碎片化”的移动互联网商业的内核经济。

那么其他从事旅游业务的企业和个人应当在这些典型案例中汲取哪些成功经验呢？下面我们细细剖析。

1. 积极利用新媒体

在尝试将传统行业触网过程中，绕过了深耕互联网多年的大型视频网站，直接将目光对准了直播。

当传统的推广载体已不能激发用户的兴趣时，“旅游+直播”的模式必然会兴起。旅游企业早一天拥抱直播，就能早一天受益。

2. 创造新奇的旅游消费体验

从商业角度讲，利用直播将景区和观众紧密地结合在一起。想要去各个旅游区的观众不再需要亲自前往目的地购票，取而代之的是在观看直播的过程中轻松点击直播间的相关链接，就可以直接完成景区门票和相关旅游产品的预订，流量即时转化、一气呵成，这是广大旅行社在拓展旅游消费体验方面的成功尝试。

3. 旅游产品宣传主体多元化

所有直播活动几乎都没有请名人参与，活动主播也大都是籍籍无名的“素人”，这要得益于直播的草根属性，而这种草根属性又很容易拉近景区和观众之间的关系。所以，景区如果想取得更好的传播效果，不能光想着请名人代言，将景区宣传主体的范围扩展到大众也是值得尝试的。

4. 牢牢把握旅游的本质

所有的旅游直播活动中，始终不能脱离“旅游”的本质。

在直播前大力宣传旗下的旅游景区，在直播中进行限时订购旅游产品的优惠活动，在直播结束后会将相关旅游信息的链接在直播间放置很长时间。只有在直播过程中牢牢把握旅游的本质，旅游企业才能真正让“旅游 + 直播”模式发挥作用。

第四节　娱乐感十足的直播+电竞

一、彼此成就的电竞直播

2016 年，全球约有 1. 15 亿人每月至少观看一次电竞直播，这一数据是 2012 年的 2 倍，截止于 2022 年电竞直播市场规模将破 400 亿。面对规模庞大的观众，敏锐的商家已经觉察到未来的商机，一部分公司着手布局电竞相关行业。有实力的大公司开始自己举办电竞赛事，小公司则在电竞赛事上做广告，甚至传统媒体也相继介入这一盛事，纷纷制作电竞联赛，电竞行业一时间变得热闹非凡。

在国内，电竞行业的投资长期以来一直没有形成规模。除了与电脑外设相关的公司，几乎很少有人进入这个与主流价值观不相符合的尴尬领域。但是近年来，随着电竞行业的逐渐火爆，越来越多的商家纷纷将目光投向这一领域，寻找投资和合作的机会。

谈及电竞行业在中国兴盛的原因，就不得不提及其背后的重要推手——直播。

在过去很长一段时间里，中国电竞行业都因缺乏有效的传播渠道以及稳定的盈利模式，未能形成自身健全的产业链。另一方面，长期拘囿于俊男美女、唱歌跳舞等秀场模式的直播也亟待寻找全新的模式破局。在这样的情况下，电竞游戏和直播二者一拍即合：直播的出现极大地扩充了电竞游戏传播渠道这一重要环节，而电竞游戏也使直播形式更为丰富，为直播提供了更多变现的可能。

美元收购美国的一家游戏视频网站 Twitch。消息传来。国内的投资者们敏锐地觉察到游戏直播网站巨大的商业价值。直播平台纷纷转型，大量加入电竞相关内容。而随着传播渠道的拓宽，电竞行业重新回到了人们的视线之中，精彩的赛事以及高额的奖金使电竞行业逐渐成为舆论的焦点，越来越高的关注度逐渐显现出电竞行业巨大的商业价值。直播成就了电竞行业，电竞行业也成就了直播。两个新锐行业的结合弥补了彼此的短板，发挥了彼此的优势，产生了近几年最火爆的商业模式——电竞直播。现在已经有越来越多的企业想要通过电竞直播走入日渐增多的电竞玩家群体。

目前为止，电竞直播的主要内容是各大电竞赛事，而在线直播是电竞赛事传播的主要方式。因此，为了获得巨量曝光，企业纷纷投入赛事相关环节的赞助活动。在电竞玩家的眼里，现在的电竞赛事与以前相比已经不完全一样了。如果足够细心的话，我们会在职业战队的队服上、赛事解说台摆放的饮料上、各大赛事贴片广告甚至于电竞赛事的名称上找到赞助商的影子。

当前，电竞赛事中最主流的赞助商仍然集中在外设、直播平台等领域。显卡和显示器等硬件厂商是电竞行业最早的赞助商，他们营销的方式很简单，找到最优的战队和选手，为自己的产品做最好的宣传。直播平台赞助主要集中在战队上，比如斗鱼赞助 LGD（全称 LGD-GAMIING，成立于 2009 年，是国内老牌职业电子竞技俱乐部，也是目前国内最资深的俱乐部之一）和 Celestial（炉石传说项目的电子竞技战队，战队创始人是小鱼鱼大仙人）、虎牙直播赞助 LCK（韩国赛区最高级的 LOL 比赛）战队。随着直播平台流量趋稳，平台的媒体属性凸显，它们已经不再依靠战队的名气为平台引流，而转为转播权的争夺。还有极少数赞助商来自电竞行业衍生品，其中包括几大电竞椅品牌——傲风、迪瑞克斯、阿拉工，它们赞助过许多职业俱乐部、赛事发布会、电竞庆典等活动。在各式电竞活动直播期间，穿着带有赞助商标识服饰的选手将会在强大的曝光量下，为企业的品牌宣传和产品销售发挥重要的作用。

业内人士普遍认为，电竞行业成熟的重要标志是，有越来越多的传统品牌愿意涉足这一领域，借助电竞直播获得更高的曝光量和销售额。事实上，已经有一些原本默默无名的企业因为赞助电竞行业而变得风光无限。

最著名的案例当属 LGD 战队，2009 年，当时名为 FTD 战队的他们与贵州老干爹食品公司达成合作，战队更名为 LGD。伴随着 LGD 在各大赛事中的出色表现，老干爹品牌也广泛传播。

老干爹品牌因为赞助电竞战队而名扬四海，如果没有在电竞行业的投资赞助，至今这个品牌还无法摆脱山寨品牌的质疑。

近年来一些大型电竞游戏已经开始与传统行业大品牌展开合作，这也从另一方面说明，电竞行业的商业价值得到了传统行业的广泛认可。以最火爆的《英雄联盟》（LOL）为例，LOL 已经建立起比较完善的联赛体制和俱乐部文化。游戏的活跃用户数量突破 1 亿，另外直播渠道众多，除了官方渠道，全网各大平台均有转播。因其在电竞行业和直播行业巨大的影响力，LOL 获得了国际快消品巨头的青睐。

2015 年，在 LOL 四周年庆典直播中，其宣布与肯德基深度合作，合作内容包括 LOL 主题套餐、欢聚英雄桶以及肯德基线下主题店等。一时间，吃主题套餐赠闪卡活动成为大量 LOL，玩家的日常话题。此次合作的效果也十分显著，100 万份闪卡在 10 天内售罄。该案例由此获得亚洲实效营销奖白金大奖，成为电竞行业与传统行业跨界营销最成功的案例之一。

此外，一些传统体育项目的赞助商，比如一直赞助 NBA 的雪碧也向 LOL 抛来了橄榄枝。

2016 年 5 月，LOL 宣布与雪碧深度合作，在其发布会的直播中，雪碧宣布不仅赞助包括 MSI（Mid-Season Invitational，季中邀请赛，每年赛季中期举办的国际顶级赛事）、LPL（League of Legends Pro League，LOL 职业联赛，中国大陆最高级别的 LOL 职业比赛，是中国大陆赛区通往每年季中邀请赛和全球总决赛的唯一渠道）、LSPL（LOL Secondary Pro League，LOL 甲级联赛，是通往 LPL 的唯一渠道）、LOL 城际英雄争霸赛（LOL 官方举办的年度大型线下赛事）、LOL，高校联赛（IOI 官方主办的针对高校学子的校园专属赛事 ，覆盖 27 个省、超过 1 500 所高校的学生）在内的 LOL 系列电竞赛事，还投资推出主题包装、户外广告、电视广告、线下活动等，作为回报，雪碧可以制作 10 亿瓶 LOL 主题产品。

除了国际著名品牌，一些有先见之明的国内商家早已经开始在电竞行业的赞助商中崭露头角，其中最著名的当属同福碗粥。这家名不见经传的企业早在 2011 年就成立了同福电竞俱乐部，并招募了国内知名的 DOTA（Defense of the Ancients，守护古树，《魔兽争霸》官方认可的多人在线竞技模式）选手，成为目前国内知名的职业战队，曾在 2012 年 WCG（World Cyber Games，世界电子竞技大赛）获得 DOTA 世界总冠军。随着俱乐部知名度的提升，不论是 DOTA 游戏粉丝中逐渐流行的“同福一碗粥，人间有真情”，还是炉石玩家的“同福爆破”都持续地传递着同福碗粥企业品牌的影响力。

总而言之，电竞行业中充满了商机，已经有很多商家尝到了合作的甜头。有野心的商家应该勇于抓住机会，借助电竞直播扩大自身的影响力，获得良好的商业效益。电竞直播的到来为企业开启了低成本获客的新渠道。

二、掘金的电竞直播

怎样通过电竞直播盈利？什么样的活动能够更直接接触到电竞玩家？企业应该从哪里入手开展直播营销的行动呢？下面。

我们就一起来认识一下电竞直播营销的主要途径，包括赛事合作、俱乐部战队合作以及主播合作。

（一）与赛事举办方直接合作

电竞赛事是电竞行业最核心的环节，是包括电竞直播在内的所有环节流量的主要来源。2015 年电竞赛事的市场规模达到 20.7 亿元，占整个产业市场的 1.2%。长期以来，由于举办电竞赛事投入多、收益少，电竞赛事未能获得较大规模的发展。举办一场赛事，资金支出包括奖金池、场地、转播设备、现场工作人员等，但是赛事收入并不理想。

著名的 WCA（世界电子竞技大赛）在 2014 年启动时，前期筹备时间超过两个月，宣传推广费占总成本的 1/3。赛事前 4 天就花费 7 000 万元。2015 年，WCA 设置的奖金池高达 1 亿元，占总成本的一半以上。受到当时电竞赛事传播渠道的限制，除了门票收入，商业赞助、赛事转播以及周边产品收入几乎为零。

随着传播渠道的健全，现在的电竞赛事在规模和数量上都有大幅度的改善。越来越多的企业开展了大量的第三方赛事，国内的电竞赛事逐渐形成完整的赛事体系。随着电竞赛事影响力不断扩大，赛事的付费意愿也不断提高，赛事众筹、赛事门票以及赛事周边的付费意愿在 2015 年提升了 89%，这预示着电竞赛事的商业价值还有巨大的挖掘空间。

2015 年以来，逐渐涌现出的企业主办的电竞赛事，因其门槛较低、平民化的特点使赛事的影响力迅速扩大，赛事的商业价值获得广泛认可。据业内人士预测，到 2020 年，电竞赛事的市场规模将达到 120 亿元，复合增长率为 42%。当前，已经有一些企业根据自身的行业影响力与相应规模的电竞赛事深度合作，以期借赛事直播的东风在未来电竞市场占有一席之地。

2016 年 5 月 21 日，乐视体育宣布冠名 WCA，并发布其申竞战略，通过产业化和商业化路径，布局电竞人才教育和中竞生态服务。乐视体育与电竞赛事的资源互补将会给双方提供更多深度合作的机会。

2017 年 1 月，招商银行独家冠名温州市首届电竞联赛总结赛。在活动现场，招商银行发行了温州电竞协会联名卡，为电竞玩家和协会会员带来特殊福利。

2018 年 11 月 4 日，北京——第二季英特尔大师挑战赛（Intel Master Challenger，简称 IMC）全国总决赛在北京国家奥林匹克中心体育馆精彩落幕。从全国四大赛区到北京总决赛，本届 IMC 共吸引线上 6 000 万、线下 50 万观众共享盛事。总决赛现场配置国际大赛标准设备，并携 OEM 等产业合作伙伴呈现前沿科技成果，引爆游戏和电竞爱好者的年末狂欢。

2019 世界人工智能大会特色活动 2019 西岸电竞冠军挑战赛暨关于推进上海西岸电竞产业建设的战略合作协议签约仪式在上海举行。

2020 年奥迪宣布正式冠名赞助 WBG 英雄联盟分部，该俱乐部也将在新赛季正式更名为 WBG 一汽奥迪英雄联盟分部。

2021 年沙特的阿美石油与沙特电竞赛事嘉年华 Gamers8 以及玩家无国界（Gamers Without Border）达成合作。

（二）与俱乐部或战队直接合作

电竞俱乐部的数量从一个侧面反映出电竞行业的火爆程度。2010 年，国内只有 30 多家电竞俱乐部，当时的俱乐部运营对赞助商的依赖性很强，赞助商撤资可能导致整个俱乐部解散。到 2015 年大大小小的俱乐部已经 1 000 多家，其中几家顶级俱乐部每年烧钱上千万维持日常运营。大部分俱乐部的主要收入来源于赞助商以及赛事奖金，少量来源于官方店铺收入、直播收入、商业活动出场费。

虽然由于支出巨大，目前大多数俱乐部尚未盈利，但是随着电竞行业生存环境的好转，俱乐部的商业价值已经渐渐被认可。现在的俱乐部已经参照传统体育项目的做法形成了良好的投资方退出机制，解决了俱乐部长期依赖某个赞助商的问题，为俱乐部的发展是供了稳定的支持，使俱乐部实现专业化和职业化发展。现在越来越多的商家选择直接赞助俱乐部，比如前文提到的同福和老干爹等品牌，除此之外，许多传统体育公司也纷纷投身其中。

作为传统体育商业化最成功的项目之一，NBA 各球队的老板和球员纷纷建立自己的职业战队或者投资知名电竞俱乐部。例如，曾效力湖人队的前锋瑞克创建了自己的电竞俱乐部 EchoFox、波士顿凯尔特人队前锋乔纳斯买下了 Renegades 俱乐部、大鲨鱼奥尼尔投资了 NRG 俱乐部。

在国内，有很多早期赞助电竞俱乐部的品牌已经随着俱乐部的走红变成家喻户晓的大品牌。技嘉是较早与电竞战队合作的硬件厂商，他们开始赞助的就是职业化开展最早的 WE 战队，当时 WE 战队拥有全球知名的魔兽战神 SKY。现在的 WE 由于运营理念领先，已经成为商业化道路走得最好的战队，后来加入的 I-Rocks 和金士顿使 WE 的电竞道路越来越顺，赞助 WE 的厂商越来越多，而技嘉的商业营销策略也被人奉为圭臬。

企业赞助电竞俱乐部优先考虑的是战绩，因此一流俱乐部的赞助费水涨船高，曾经有媒体爆料，电竞俱乐部的冠名费已经高达千万元，商业推广活动费用高达百万元，并且由于顶级俱乐部的稀缺，这一情况短期内很难改变。

以上两种模式覆盖面广，效果较好，对于提升品牌形象有显著的作用，缺点就是预算高、时间周期长，适合资金比较雄厚的品牌。

（三）与主播进行商务合作

作为电竞行业最主要的传播渠道，在线直播平台拥有得天独厚的优质资源——大量的电竞观众。在这些平台上，大部分流量都来自大主播，因此赞助知名主播也是商家的重要选择，坐拥大批粉丝的主播日益成为商家争相合作的对象。

素有“电竞女主播第一人”之称的小苍曾是职业电竞选手，并组建战队，也做过战队的管理层，还曾经在电竞媒体从业，可以说是了解国内电竞行业最全面的女主持之一。作为著名的游戏主播和解说，她参加过包括WCG、电子竞技世界杯（Electronic Sport World Cup，ESWC）在内的国内外大小赛事的直播，制作出《小苍出品》等解说节目 300 多部，总播放量超过 2 亿人次，为 LOL 在国内的推广做出了很大的贡献。熟练细腻的游戏操作以及优秀的现场解说为她吸引到百万以上的粉丝，小苍也因此成为很多玩家心中的女神。

小苍身上电竞明星的光环为她带来了巨大的商业机遇。2015 年小苍受邀代言《西游伏魔》，Cosplay 其中的铁扇公主，为游戏吸引了大量新玩家。

与此同时，小苍身上鲜明的“游戏女生”的标签吸引了著名 PC 品牌惠普，邀请其为新出品的 ENVY15 锐炬显卡游戏本代言，并将此款游戏笔记本命名为“小苍本”，为惠普的市场宣传赚足了关注度。

同样具有超高人气主播的若风（前职业选手，WE 战队前成员）在退役之后做主播也风生水起，很快成为国内签约费最高的游戏主播。因其游戏操作风格瞬间爆炸和绰号“中路杀神”与游戏的“妖文化”完美融合，2015 年受邀成为新游戏《师父有妖气》的第 49 位“特妖代言人”。

在一些著名主播的直播间，如果足够细心，也会发现很多广告。这已经成为目前直播间比较常见的商业推广模式。这种模式的优点是成本和门槛低，容易实施，适合一般企业，缺点是粉丝覆盖面窄，营销效果不如前两种方式明显。

此外，由于游戏直播内容的多样性，企业还可以通过赞助一系列发布会，或者赞助电竞行业日常生活直播节目以及年度的游戏嘉年华活动直播进行产品的销售和品牌建设。无论哪种形式，本质上都是企业实现电竞玩家的转化，从而产生巨大的商业价值。需要注意的是，不同的企业需要根据预算和产品特色选择合适的途径开展业务。

三、电竞直播路上的那些坑

电竞直播按内容可分为赛事直播、电竞衍生内容直播，电竞衍生内容又包括电竞选手专访、电竞颁奖礼、电竞游戏发布会、电竞游戏教学视频等电竞相关内容。因直播平台类似传统媒体的天然属性，企业通过电竞直播能够更加直接地展示产品和服务，更直接地参与流量变现、传播品牌价值、塑造企业正面形象。所以电竞直播逐渐成为最受商家欢迎的一种营销模式。

但是需要注意的是，由于电竞行业尚未有效地积累起直播营销的经验以及形成完整的营销方案。根据目前累计的营销案例来看，导致电竞+直播失败的原因主要集中于以下几个方面：直播平台选择不当、直播营销目的不清以及目标用户不匹配。

（一）直播平台选择不当

现在网络直播平台五花八门，各个平台的定位也不尽相同。比如斗鱼、虎牙直播主要是游戏竞技直播，花椒直播、美拍直播主要是美女娱乐直播。这不是说花椒直播和美拍直播没有游戏直播，只是它的大部分流量在娱乐领域。因此，要吸引电竞行业的粉丝首选平台是斗鱼、虎牙直播等。

另外直播平台的名气也是需要考虑的因素，知名大平台具备较全面的直播行业经验，对直播内容的把控更严格，直播的展现形式更丰富和健康，营销费用自然比较高昂。一些刚起步的小平台，营销费用可能比较低廉，但是迫于生存压力，对直播内容把控不严，经常出现“打擦边球”的现象，因此并不适合对品牌形象要求特别高的商家。

（二）直播营销目的不清

一般来讲，直播营销的目的有二：卖产品以及打造品牌，且二者同时进行。如果只是卖产品，只需要直播期间在界面插入购买链接，无论是游戏直播还是赛事直播都可以直接获得收益；如果要做品牌营销，一般的方法是与主播协商确定贴片广告和口播广告的价格，在游戏直播期间直接进行。另外一个有效的办法是赞助电竞赛事，以便获得较高的曝光度和传播度。

因为大型赛事往往有长期的预热宣传期，这期间，品牌商将自身想要传达的信息和价值观与电竞赛事有机结合，获得观众对品牌价值的认可。

但是需要注意的是，品牌营销是一个长期的过程。企业不可能只因为几次活动就建立起牢固的品牌形象。因此，有志于电竞直播营销的企业要深挖自身品牌与电竞之间的相关性，并在推广中强化这种关系，才会使观众逐步接受其品牌形象。电竞直播期间卖产品和卖品牌是同时进行的。这就要求策划人员在直播内容上精心编排，避免受众只记住产品而忘记品牌，或者只记住品牌而忘记产品。

（三）目标用户不匹配

在进行营销策划之前，要充分了解电竞直播的受众与品牌的目标用户是否匹配。据调查，电竞游戏的受众大都为17~35岁之间的男性，IT行业居多，消费能力不高。因此，本身单价较高的商品或者高端商业服务类商品并不适合这个群体，例如房产项目、高端金融服务。

在第六届DOTA2国际邀请赛（Ti6）期间，国内知名啤酒品牌哈尔滨啤酒宣布赞助电竞战队LGD出征，并通过斗鱼为粉丝带来战队出征和西雅图赛场的一切资讯。之所以做出这个决定，是因为哈尔滨啤酒高层管理人员认为：哈尔滨啤酒的目标客户定位是18岁以上的年轻人，这也是电竞群体的群体特征。

自宣布赞助开始，“一起哈啤”就成为各大游戏论坛和电竞圈的流行语，也成为直播平台的刷屏常用语。哈尔滨啤酒在赛事前期的宣传热点是首次进入电竞领域，也是首个进入申竞领域的啤酒品牌，由于哈尔滨啤酒长期赞助传统体育赛事，如世界杯、NBA，这让哈尔滨啤酒的品牌形象具有体育竞技精神和分享精神，而这一形象与Ti6观赛玩家心理完美契合。因此，哈尔滨啤酒与众多电竞粉丝形成良好的融合互动，其著名的“一起哈啤”广告语也随着Ti6赛事的进行在电竞粉丝中广泛传播。

赛事期间，国内外众多的DOTA2玩家、声势浩大的电竞直播活动以及在国内拥有众多粉丝的LGD战队使哈尔滨啤酒在那年夏天惊艳亮相国际舞台。根据赛后的网络调查，约9 758%的被调查者认为哈尔滨啤酒的赞助很成功，百度指数中与哈尔滨啤酒相关的“哈啤”“一起哈啤”等关键词创造了5年来的最高搜索量，“哈尔滨啤酒”也再次接近其历史峰值，营销效果十分突出。经过这次活动，哈尔滨啤酒在电竞玩家中的品牌认可度明显上升，玩家对哈尔滨啤酒的品牌传播产生了巨大的推动作用。

综上所述，电竞直播这种新型传播模式的出现为企业进行营销推广打开了新的大门，但是由于电竞直播内容的局限性，对于通过这种形式推广的企业有一定的要求。企业营销人员需要根据自身品牌定位以及产品特色，选择合适的直播平台，制订完善的营销计划，激发粉丝的直播互动性，才能获得预期的效果。

四、根据企业需求选择平台

现在国内的直播平台超过200家，游戏直播已经成为大部分平台的主流内容。电竞赛事有巨大的引流作用，且某些电竞赛事只在授权平台直播，因此直播平台对赛事转播权的争夺日渐激烈。但是通常情况下，常规电竞赛事在几大直播平台都可以看到，电竞玩家经常光顾的游戏直播平台包括斗鱼、虎牙直播、欢朋直播等，商家可以通过自身产品或服务的特点选择合适的平台推广。

（一）斗鱼

斗鱼是国内最早布局电竞直播的平台。早在2014年，斗鱼就开展了电竞直播业务，大量的草根电竞玩家在斗鱼开启直播生涯。除此之外，斗鱼曾经参与直播了大部分知名电竞赛事，捧红了一大批电竞主播。

斗鱼还冠名国内著名电竞俱乐部PE等成立AcFun电竞俱乐部，直接参与国内外赛事。经过多年的发展和沉淀，斗鱼已经成为国内首屈一指的电竞直播平台。斗鱼在5个月内连续获得B轮融资1亿美元和C轮融资15亿美元，合计融资金额超过20亿美元。根据市场数据，斗鱼在众多游戏直播平台中以 30.9%的总访问率位列第一，超过第二名 8 个百分点，在游戏直播平台用户占有量上稳居第一，在游戏直播领域敏锐的商业嗅觉以及出色的执行力是斗鱼获得资本青睐的重要原因。

斗鱼游戏直播定位为“全民游戏直播平台”，重视每位主播提供的原创内容，通过大量草根主播的精彩内容带动人气，同时也培育出活跃在各个平台的大批明星主播。斗鱼的特色就是游戏直播，因此几乎所有游戏在平台上都能找到直播内容。

除了平台赛事外，斗鱼自身也举办了大量的电竞比赛，亲自参与电竞项目的策划和执行，增强电竞粉丝对平台的依赖性。另外由于日流量巨大，斗鱼已经拥有多条直播线路，可以提供海量弹幕模式，为观众提供良好的观看体验。

在斗鱼做直播营销的企业不用太担心人气问题，但是需要精心的策划与电竞相关的内容才能取得成功。

（二）虎牙直播

虎牙直播的前身是 YY LIVE，这是国内最早运用直播技术的平台。虎牙直播继承了 YY LIVE 的娱乐基因，使游戏直播与娱乐直播密切融合，相得益彰。基于 YY LIVE 前期的市场积累，虎牙直播已经拥有大量的草根主播，受秀场模式的影响，虎牙直播的特色是主播与粉丝之间的互动模式，虎牙直播的互动模式是几大平台里面最出众的。

虎牙直播大手笔签约著名电竞主持 MISS，吸引大批电竞粉丝入驻虎牙直播，并赞助《守望先锋》泛亚太国际邀请赛（APAC）等大型电竞赛事。

虽然在 2014 年游戏直播平台爆发的时候，YY LIVE 没能迎头赶上，让斗鱼占了先机，但是 YY LIVE 在直播领域庞大的用户基数还在，虎牙直播的战略就是吸引更多的流戏用户或转化现有的娱乐直播用户，探索属于虎牙的游戏直播之路。在虎牙直播做营销，营销人员策划的内容需要带有娱乐色彩，才能在虎牙这样的平台一炮打响。

（三）欢朋直播

提到欢朋直播，很多人可能会感觉比较陌生，但是对其前身，相信大家一定都有所耳闻。欢朋直播是一款手游直播平台，于 2016 年正式上线。虽然欢朋直播起步较晚，但是在游戏直播领域积累的经验不容小觑。早在 2010 年上海 ChinaJoy 游戏展会期间，金山、光宇、蓝港在线以及盛大等多家知名游戏厂商提供直播服务。其中光宇游戏展台全天 6 小时直播，同时在线观看人数破 5 万，日观看人数高达 20 万以上，其他几个品牌的直播效果同样十分显著。

还有专注于腾讯游戏的龙珠直播，专注于娱乐明星+电竞游戏的熊猫直播等各具特色的直播平台，需要企业根据自身状况和营销目的有针对性地选择。

除了与直播平台深度合作，企业还可以通过与电竞行业的众多环节（如电竞选手、电竞俱乐部、电竞赛事）深度合作，开拓新的推广渠道。在众多环节之中，又以电竞赛事的曝光率最高，与电竞直播结合最紧密，传播效果也最好，因此对于想要扩大电竞圈知名度的企业，赞助电竞赛事是一个不错的选择。

电竞+直播是企业走近电竞粉丝的极佳途径。一直以来，电竞赛事都是各大媒体和直播平台关注的舆论热点，年年上涨的赛事奖金以及精彩绝伦的冠军之战都是吸引粉丝的利器。近年来随着直播平台的兴起，电竞赛事的传播更是如虎添翼。因此，赞助电竞赛事和直播平台能让企业直接进入电竞行业的舞台中心，能帮助电竞公司迅速赢得大量新用户。

五、优质内容是王道

简单来说，电竞直播就是一种以电竞游戏及其相关内容为主的直播形式，因此，电竞直播营销需要紧密围绕电竞游戏群体特征进行营销内容的设计和策划。作为营销人员要清楚，直播期间，不仅是在卖产品，还有品牌曝光、观众与品牌的互动，甚至观众之间的交流。

直播的直观互动性决定了观众在直播期间会提出各种各样的问题，作为营销者，不能只考虑要传达给粉丝的内容，还要充分准备观众可能提出的问题，用直观易懂的方式展现给观众。

比如在直播期间，介绍了一款电竞椅，椅子的承重性能只靠单纯的描述难以清晰表达，但是通过观众的反馈，商家可以让体验人员做出各种动作验证这一特征，可以多坐几个人，也可以让体验者站上去展示，等等，还可以按照观众提供的方法验证，进一步消除观众关于承重性能的疑惑。这种直观的方式可以直接加深观众对电竞椅特征的了解程度，从而将产品特性以及品牌形象直接建立起来。

一场成功的直播营销，毫无疑问，最核心的就是直播内容。

通常来讲，一次成功的营销活动，其直播内容包括三个方面：专业生产内容（PGC）、品牌生产内容（BGC）以及用户生产内容（UGC）。

专业生产内容。专业生产内容是指由专业团队策划并实施的有针对性的直播内容。现在大部分企业所做的直播营销都属于专业生产内容的范畴，这也是目前效果最明显的一种。因为有专业的策划，这类内容自出现就具备话题性，能吸引流量。

电竞圈最典型的案例就是“LOL 4 周年庆典龙珠直播”。在这场直播中，既有明星竞技表演赛——周杰伦与王思聪竞技，也有专业电竞赛事直播——S5 中国赛区选拔赛，还有娱乐性质的 Cosplay 颁奖盛典。LOL 官方聘请专业人员展开这场活动，从前期宣传造势到现场执行把控，保证了整个活动的预期效果。

目前大量的专业生产内容已经成为营销效果的重要保障，为企业贡献了大部分的曝光量和销售额，但缺点是预算高昂，如果操作不当，将会得不偿失，甚至赔本赚吆喝。

品牌生产内容。品牌生产内容指的是专门为企业品牌形象而策划的直播内容，以便企业的品牌形象在纷繁复杂的直播内容中深入人心。成功的品牌生产内容会展现品牌的文化、内涵以及价值观。比如提到雪碧，人们就会联想到年轻、清新、健康，这就是雪碧通过品牌生产内容传递给观众的品牌形象。目前企业在电竞直播领域做品牌生产内容的很少，大部分包含在专业生产内容中，比如在赛事期间加入主播的口播或者直播前后的贴片广告。

用户生产内容。用户生产内容即用户自制的内容，一般是指那些产生于营销方案实施之后，成功触发用户参与性而产生的内容。主要表现为企业营销借助内容引发平台用户的共鸣，从而激发粉丝自主传播。

如前文提到的“一起哈啤”就是一个经典的案例。“一起哈啤”将品牌巧妙地结合在短小的口号里，由于它的谐音“一起 happy”契合了电竞赛事观众之间分享快乐与喜悦的心理，因此在 Ti6 期间获得广泛的传播，为品牌增加了曝光率。

需要注意的是，一场成功的直播营销活动一定是三者互相融合、互相渗透、互相影响，发挥最大的传播效应。在此三种内容的基础上，我们可以总结出一场成功的直播活动的基本特征。

一是提升影响力。电竞直播是年轻群体聚集的节目，因此做营销应做出热闹的氛围，充分利用互联网的传播优势，摇旗造势。例如，举办转发送皮肤、抽奖送道具等活动，充分调动电竞粉丝的积极性。另外，还要有线上线下的联动，将直播与营销体系联系起来，制造舆论热点。

二是在粉丝心里树立良好的品牌形象，为企业增加新的优质用户，为企业下一步营销计划做好铺垫。

三是借助直播内容与粉丝在情感上产生某种共鸣，让粉丝产生互动传播的动力。一场真正成功的直播会在短时间内产生巨大的商业价值，使消费者直接产生购买行为，一场直播做得好，进来的流量对的话，可能产生上百万元的销售额，这个是企业最愿意看到的事情。

长期以来，与粉丝互动一直是品牌营销的重点环节，因为营销过程中与粉丝互动产生的影响力是最大的。直播模式下这种互动变得更加直接和有效，因为视频内容是真实的，会让粉丝产生亲近的感觉，而互动这种行为本身可以直接让粉丝感受到它对品牌施加的影响以及品牌的应对，互动行为的直观性会使粉丝与品牌之间更快速地建立信任。互动做得好，粉丝会在瞬间产生购买行为，使企业获得直接收益。而要做到一点，优质的内容生产必不可少。

六、《英雄联盟》：赛事直播，助推游戏之王

《英雄联盟》（LOL）是一款火爆全球的网络游戏。根据官方数据，现在的LOL全球活跃玩家约1亿人，所构建的产业链价值超过百亿美元。LOL的开发者美国拳头公司被誉为游戏界的标杆，是众多企业争相效仿的对象。

LOL的成功与其初期确立的游戏玩法有一定关系，拳头公司对游戏的不断完善给玩家持续的新鲜感，成功地吸引到第一批粉丝。但是说到LOL在中国的成功，就不得不提及其一年一次的周年庆典和职业联赛直播活动。2012年以来，LOL每年的周年庆典直播都会成为舆论热点，为游戏吸引到新的粉丝。年复一年的庆典和赛事直播活动将LOL的人气一次又一次地推高，奠定了它成为全球第一爆款游戏的基础。下面以2015年LOL四周年庆典直播为例，简要阐述这款游戏的直播营销战法。

LOL四周年线下狂欢庆典于2015年9月4~5日在深圳湾体育中心举行。

在赛事开始前的6月20日，LOL高层在新闻发布会上宣布将邀请周杰伦担任代言人，创作LOL主题曲，并将出席在深圳举办的LOL四周年线下庆典活动，现场试玩电竞游戏。通过强大的用户网络推送消息，大量粉丝已经提前知晓活动的内容；直播呈现S5（第五赛季）全球总决赛中国赛区的选拔赛，决出LOL的中国代表队；周杰伦与王思聪竞技表演赛以及Cosplay颁奖礼等活动。另外，凡是现场购票的用户均可随票获得赠品皮肤，这项优惠活动深得电竞玩家喜爱，因此实现了广泛传播。

为了体现“全民狂欢”的主题，对于不能到场的玩家，LOL官网开展了多种互动活动。比如在8月20日至9月3日期间，通过玩游戏获得的狂欢积分可以全服累计开启多重奖励，积分越高，随机发放的奖励越多，这个类似于积分众筹的项目使玩家产生了强烈的参与感。

由于前期长时间有节奏的预热、名人效应以及积分皮肤奖励，LOL在狂欢期间的人均在线时长和活跃度均创下了新的纪录。

活动期间，“英雄联盟”关键词的百度指数达到半年内的最高值，是其他热门游戏同期峰值的几倍，盛典直播对游戏传播的影响力可见一斑。

纵观整个直播过程，虽然内容繁多，但是进行得有条不紊。

在直播过程中，通过专业团队的精心编排，圆满完成了预告中的 S5 中国战队选拔赛、Cosplay 颁奖礼、明星召唤师表演赛、嘉宾访谈、英雄心愿和现场抽奖等诸多活动。全程亮点不断，为游戏品牌推广以及赞助商红牛和雷蛇均带来了可观的流量和销售转化。

这场直播营销活动有五大亮点。

开场秀。开场秀的情景再现了游戏玩家的日常，即玩家沉浸游戏的情景，直接拉近了与玩家的距离，其间穿插讲述了 LOL 在中国的发展历程。与线下活动“我的 LOL”和“我的四周年故事”相呼应，通过引导，激发玩家之间的交流欲，为 LOL 成为一代人共同的记忆创造出很多话题。由于游戏中代入了粉丝自身的情感，因此可以让玩家在游戏群体中找到归属感。

S5 全球总决赛的中国区决赛。这也是本次庆典的重头戏，即通过售票环节绑定 20 级以上的玩家，并吸引这些核心玩家到现场观看选拔赛，为 10 月进行的 LOL 全球总决赛提前预热。

明星竞技表演赛。周杰伦是年轻人中具有较大影响力的明星、粉丝群体与游戏的玩家重合度高。此次跨界合作吸引非电竞玩家的粉丝参与活动，为 LOL 带注入新鲜的血液。

兑现心愿线上线下联动项目，通过这个活动收集到上万玩家的心愿，随机抽取 20 个当场兑现。这个活动极大地提高了粉丝参与的积极性，扩大了品牌知名度和美誉度。

Cosplay 颁奖典礼。LOL Cosplay 大赛自举办以来，已经成为年轻人中流行的时尚活动。游戏与娱乐的完美结合，使 Cosplay 逐渐成为 LOL 的文化标志。

LOL 周年庆典直播以及 LPL 赛事直播活动，是 LOL 游戏能成为爆款游戏的重要一环。正是通过前期精心策划，现场完美呈现，制造出具有轰动效应的社会热点，才使 LOL 长期具有较高的曝光率，为游戏厂商和赞助商带来直接的商业效益。

作为最年轻的体育项目，电子竞技要走的路还很长，电竞直播作为电竞行业最重要的推手，其发展离不开大量资金的参与。现在电竞直播正处于起飞的风口，每个与时俱进的企业都不会对这样的机会视而不见。无论时代如何变迁，商业领域的铁律就是“关注点在哪里，金矿就在哪里”。因此，如何合理利用电竞直播营销，帮助企业实现精准、直接、低成本地获客，是值得当下许多企业思考的事。

第五节　吃得放心的直播+餐饮

一、顾客导流的全新接口

餐饮直播对于广大餐饮企业的意义和价值远远不是增加产品的销售额那么简单，餐饮直播营销的作用至少体现在以下 4 个方面。

加快营销信息的传播。通过短时间且集中的线上直播，把餐饮人或者餐饮品牌推荐出去。消费者无须亲自到店了解，只需在手机或电脑上进入餐饮企业的直播间就可以便捷获取企业的活动内容，技术的进步大大缩短了信息传递的过程，将餐饮企业的营销信息更及时地传达给消费者。

扩大宣传受众规模。和散发传单、门店广播等传统的营销推广方式相比，餐饮直播营销能在极短的时间里聚集更多的潜在消费者，这些潜在的消费者不仅包括了解店家的回斗客，还包括只闻店名但从未实际体验过的人，甚至包括其他城市的观众。这样一来就扩大了宣传的受众规模，不但能提高餐饮企业的知名度，而且能帮助餐饮企业招徕更多的食客。

获得消费者全面真实的反馈。在以往的营销方式中，餐饮企业往往只能听到自己的吆喝声，很难获得消费者全面真实的反馈。盲人摸象式的营销不仅浪费资源，还无法直击人心。直播营销恰恰具有双向互动性，不但能让餐饮企业随时取得最直观的反馈，便于对所采用的营销方式及时查缺补漏，还能从消费者那里获得更多有价值的信息，使企业的经营改善从营销一个方面扩展到生产、人事等多个方面。

优化企业营销模式。一方面，直播营销增加了餐饮企业对外宣传的渠道，可以避免企业在营销模式方面的单一性，防止企业后期因某种宣传手段失效而导致业绩下滑；另一方面，直播营销所具备的直观性和网络性能够大大简化营销过程的中间环节，使餐饮企业得以在营销中摒弃多余的步骤，这样不仅能大大降低营销成本，而且间接地提高了运行效率。

二、品牌定位：你的餐厅适合直播营销吗

并不是所有的餐饮企业都适合开通直播，那么究竟哪些适合呢？垂直餐厅。

垂直餐厅的行业定位十分准确，其自身就具备吸纳消费者资源的优势，也具备深入挖掘的潜力和价值。当前，垂直餐厅在餐饮业内已占有一席之地，且其绝大部分顾客忠诚度较高。垂直餐厅的活跃性强，因为大多数顾客是基于共同兴趣爱好聚集而来的食客，交流的话题更容易相互接受。因此，垂直餐厅非常适合采用直播营销。

早在 2016 年 6 月 25 日，外婆家创始人吴国平为了宣传自己的品牌，在其新开的全虾馆品牌“你别走”亲自上演了一场网红直播秀。直播一个小时内便发出了 400 份口令红包券，成功吸引了众多粉丝的关注。

直播的本质就是通过优质内容输出将一群有相同兴趣爱好的人聚集在一起，就这一点来看，直播和垂直餐厅十分契合，垂直餐厅可以借助直播吸引更多志同道合的食客，从而实现餐厅快速有效的传播。垂直餐厅借助直播营销手段能够获得更多流量，使餐饮企业的品牌形象根深蒂固。

（一）特色餐厅

特色餐厅的主要消费者大都为 90 后，这一消费精力最旺盛的群体也是互联网使用主体，直播平台上的用户也与这部分群体基本吻合。因此，从目标群体上看，特色餐厅选择直播这一营销手段是比较适用的。

特色餐厅本身别具一格且带有一定的话题性，这样的餐厅通常更容易通过直播吸引一批有相同兴趣爱好的群体。此外，直播本身也具有较强的话题性，两者的结合在一定程度上最大化话题性和视觉冲击力，这无疑会吸引更多食客的关注，提高人气和流量。

同时，特色餐厅往往提供便利的网络服务、柔美的灯光设计等，这些不仅满足了食客对饮食环境的要求，还为直播推广提供了足够便利的条件。

（二）新兴餐厅

直播成本低、门槛低等特点使得新兴餐厅可以毫不费力地运用这一手段推广。同时，直播营销是一种通过广撒网的形式吸引目标群体的营销方式，这种方法简单快速，非常适合进入餐饮行业、急需快速及时开拓市场获得一定消费群体的餐饮企业。

新兴餐厅是一种全新的状态，食客对它尚无评价，其最需要就是一个有效的营销渠道吸引众人的关注。而直播是一种一对多，口耳相传的营销模式，通过直播能够更具体、更生动地将餐厅的真实场景输出给观众。新兴餐厅正需要这种真实的有直接体验的口碑推广，才能积累一定量的消费群体。另外，新兴餐厅通常会开展各种优惠活动，非常适合通过直播向其精准客户发放。

如对直播营销利用得当，既能有效避免传统宣传广告模式中过高的成本，又能有效地抓准食客，甚至可以零成本快速及时地达到目的。但需要强调的是，任何时候，质量都是餐饮企业吸引顾客的最佳保障，直播只能作为一种营销手段增加餐厅的曝光度，真正留住食客的还是餐厅菜品和服务质量，只有这样才能吸引真正有价值的用户。

三、策划先行：聚焦核心优势

餐饮业早就告别了“酒香不怕巷子深”的年代，在互联网和餐饮业深度融合的今天，餐饮企业须正视网络营销的作用。要想在互联网时代继续生存和发展，餐饮企业要尽早谋划，积极研究并投入直播营销当中。

餐饮与每个人的日常生活息息相关，所以餐饮店直播内容的选取也应尽量“接地气”，同时随着食客对餐饮体验需求的不断升级，餐饮企业直播内容的范围也在向更高、更广泛的领域和层面拓展（见图 6-6）。

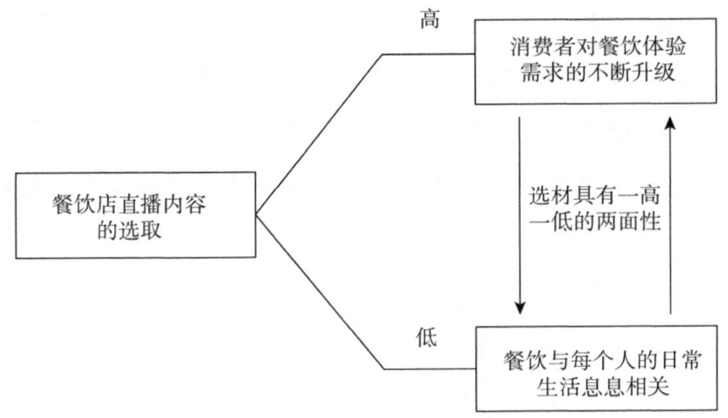

图 6-6 餐饮店直播内容的选取

从目前餐饮行业所处的发展阶段和现有的技术条件来看，餐饮直播内容的策划适合从以下 3 个方面着手。

（一）文化直播：菜肴的历史

中华饮食文化博大精深，不同地区的饮食有着独特的文化积淀，地方特色菜肴正好是当地文化历史的重要载体。中国目前有川菜、粤菜、苏菜、闽菜、湘菜、徽菜、鲁菜、浙菜八大菜系，任何一个都有足够的话题可讲。如果从各地的实际出发，那么可讲之处就更多了，因为在这八大菜系之外还有更多的细分菜品类型，如东北菜、客家菜、潮汕菜、本帮菜、淮扬菜、晋菜，不一而足。它们是饮食文化的瑰宝，也是餐饮企业开展直播的优质素材。

餐饮企业进行文化直播时，可以邀请一些美食专家一边品尝一边讲述有关菜品的历史典故。观众受到饮食文化熏陶的同时，直接提升餐饮店的格调。

1. 特色表演直播：丰富就餐体验

不论是国内的食品还是国外的食品，制作过程和步骤本身就具有极高的观赏价值。兰州牛肉拉面、山西刀削面、四川大壶茶、北京烤鸭、法国面包这些蜚声世界的美食都有独特的制作过程，如果餐饮企业有意识地将这些菜品的制作过程进行艺术化改造，使之成为一个特色表演项目，无疑能吸引更多的消费者。

餐饮企业在进行特色表演直播时，首先应当把直播的时间选择在用餐时间，其次应当把直播的地点放在食客就餐区。此举可以在有限的时间内吸引更多的潜在消费者，还能最直观地展示餐饮企业的实力，有利于进一步刺激食客消费。

2. 才艺展示直播：提高服务内涵

现在很多餐饮企业在经营过程中纷纷采用了跨界的方式，将餐饮和艺术结合起来，比如西餐厅的钢琴演奏、茶楼的二胡演奏，以及咖啡馆中常见的乐队表演，这些都丰富了顾客的就餐体验。现在不断涌现、蓬勃发展的主题餐厅更是直接将餐饮和音乐、美术、影视、动画等艺术形式绑定，增加了餐饮企业就餐服务的附加价值。

餐饮企业在进行才艺展示直播时，一方面要注意把握才艺展示和产品推广之间的关系，既要让才艺展示对餐厅和菜品的推广起效，又不能喧宾夺主地使餐饮直播沦为秀场；另一方面，餐饮企业在直播过程中应当注意才艺展示形式，要和餐饮企业的格调统一，最好不要出现违和感，如在咖啡店比较适合展示弹吉他、画油画等才艺，摇滚乐显然不适合。

（二）实用直播：烹饪过程

美味诱人的菜品对食客来讲永远都有终极的吸引力，因此将菜品的制作过程展现给公众不失为宣传推广餐厅品牌的好办法。实际上，直接将做菜的全过程呈现给食客，不仅可以带给食客实用的信息，而且能消除一些食客对菜品的疑虑，增强信任。

餐饮企业在进行实用直播时，可以直接请餐厅的厨师出马，选择受食客欢迎又无须保密的特色菜品，一边制作一边在镜头前讲解菜品的制作流程。做菜的间隙，要求厨师和观众适当互动，让直播不但有用而且有趣。

（三）脱口秀直播：在餐厅谈笑风生

脱口秀作为一种舶来品，近几年在中国发展得非常红火，电视上有《财经郎眼》，网络上有《今晚80后脱口秀》。实际上脱口秀的应用范围远远不止在财经、娱乐领域，如果把脱口秀这种玩法和餐饮结合在一起，肯定能够产生更奇妙的“化学反应”。一方面，脱口秀这种形式可以在取悦观众的过程中潜移默化地让观众接受餐饮企业的产品推广；另一方面，脱口秀自身的话题性具有很强的传播效应，能够扩大餐饮直播的影响力。

餐饮企业在进行脱口秀直播时，需事先搜集和消费者日常生活贴近的新闻，若目标食客仅限于本地人，那么选取的新闻内容也应和本地相关。搜集信息的渠道不限于一种，电视、广播、平面媒体、微博、微信上的信息都可以作为脱口秀的原始素材，但应当确保新闻的真实性。

四、餐饮直播的三个关键

外形养眼的师哥美女和富丽堂皇的现场环境对餐饮直播这种专业性极强的营销活动来说仅仅是表象，餐饮企业要想在全民直播的风口期成功实现直播入局，就应当注意对以下三个关键点的把握（见图6-7）。

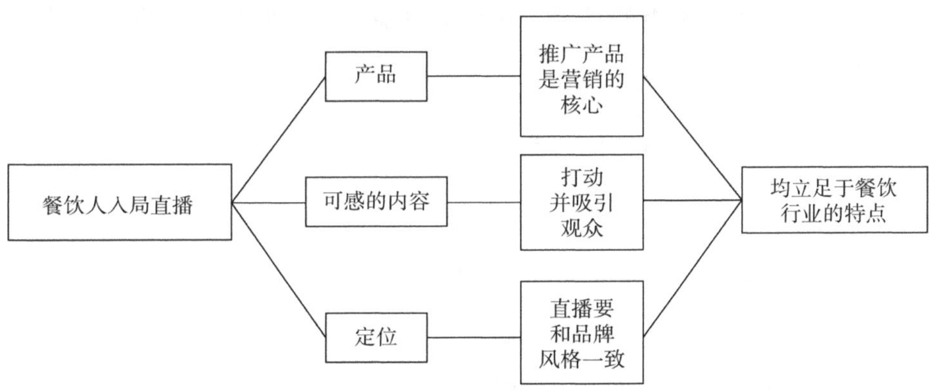

图6-7 餐饮人入局直播的三个关键

产品。餐饮直播营销的本质，是通过直播这种全新的宣传媒介向外界推广餐饮企业的产品。推广产品即是企业进行直播营销的出发点，也是落脚点。因此，餐饮企业在开展直播营销的过程中应当始终围绕产品这个核心做文章，直播前的宣传造势是为了提高产品的知名度，直播中的各个环节设置和互动安排是为了将产品的卖点直观地展示给观众，直播结束后对直播过程的总结是为了评估直播对产品销量的作用。

可感的内容。和传统秀场直播的唱歌、跳舞等内容不同，餐饮直播的内容主要是“吃”。唱歌跳舞的感染力只需通过画面和声音即可较好地呈现，美味菜品的味道则不能通过屏幕和音响传递给消费者。这就需要餐饮企业在直播过程中加入更为丰富可感的内容，一方面不能一味地展示品尝食物的过程，应当让主播时不时地通过语言描述、现场演示来展现产品的卖点；另一方面餐饮企业可以在直播中适当增加一些歌舞类、语言类的节目，这样既显得宣传活动不那么刻意，观众更易接受，又能丰富节目的内涵，防止单一的直播形式引起观众的审美疲劳。

定位。每家餐饮企业都有对自身品牌和产品的定位，直播营销活动设计需要与自身定位相适应。例如咖啡店可以通过名人讲故事的方式宣传自己优雅闲适的小资形象，快餐店可以通过美女主播互动的形式展示自己时尚前卫的年轻风格。只有主播的人选、直播的内容和餐饮品牌的调性相符时，餐饮企业才能真正确立在消费者心中的良好形象。反之，会让观众产生不伦不类的感觉，让企业直播的宣传效果大打折扣，甚至产生副作用。

五、直播形式：方向比奔跑重要

仔细梳理餐饮行业的餐饮直播案例，我们可以总结出网红直播、创始人直播、员工直播、顾客直播 4 种主要直播方式。

（一）网红直播：引领秀场潮流

由于网红自身具有的高人气和话题性，在直播中可谓自带流量，是一种通过“广撒网”获取目标客户的直播营销形式，目前在行业内应用比较普遍。但需要注意的是，目前在直播界直接和餐饮相关的网红几乎不存在，大多数仍然是以姣好形象、歌舞才艺为主要卖点的秀场网红，与企业品牌调性较难匹配，所带来的粉丝的转化率相对较低。

开展网红直播的步骤：

（1）选择 1~5 名网红主播（费用每人每次 2 000~5 000 元不等）。

（2）把餐饮企业的品牌特色和公司的主打产品、直播当日的有奖活动等直播内容用纸质文件（或电子文件）的方式交给主播提前熟悉。

（3）主播在直播开始前一两天在自己的社交平台发布活动信息，其中必须涵盖活动举办时间、活动期间的有奖活动以及直播间 ID。

（4）直播开始时主播们同桌就餐，把餐饮企业产品的卖点和特色用各自的语言表达出来；在直播中主播可以随时在餐厅内自由活动，展现并讲解餐厅的环境、与餐厅员工互动、和餐厅厨师开玩笑等等。

（5）就餐期间，主播可以在一个特定的时刻（该时刻由主办方决定），向观众们发放相关餐饮企业的优惠券，当然观众要想领券必须事先关注餐饮企业的公众号。

（6）主播在公众号上用事先准备好的话术回复观众的各类问题，用好处引导观众转发餐饮企业的广告、软文或图片，进一步提高曝光度，最终把主播的粉丝转变成餐饮企业的粉丝。

（7）直播活动结束，相关餐饮企业在行业内部和微博、微信等平台上发布信息，把这次餐饮直播营销活动“包装”成具有影响力的社会事件。

（二）创始人直播：放大个人价值

餐饮企业创始人和企业品牌本身具有天然的捆绑关系，因此创始人具有一定的社会知名度后，餐饮品牌也能够为大众所知。创始人直播的优势在于将餐饮品牌人格化，为餐饮品牌赋予创始人的人格魅力。

创始人以直播的形式为自己的企业宣传，能够迅速让自己在餐饮行业内成为万众瞩目的焦点，毕竟能在餐饮行业里立足的人几乎人人都有独具特色的创业故事。亲自上场做直播的创始人更容易获得年轻消费群体的欢评，而且目前餐饮消费的主流人群恰恰是青年人。

开展创始人直播的步骤：

（1）确立直播内容。介绍餐厅从初创到发展到成功的创业历程，不为大部分人所熟知的创业内幕永远是观众好奇的题材。

（2）造势。餐饮企业在直播前可以通过已有的客户 QQ 群、企业公众号、所有员工的朋友圈等平台开展全方位的宣传造势活动，譬如“4 个月就把面积仅 1 000 平方米的饺子馆做到了北京人气第一，还有谁?”，并附加介绍直播当日的福利：直播当日将发放多少红包、直播当日将发放多少礼券。积极诱导观众转发直播链接进一步扩大直播受众范围。

（3）启动直播。在直播期间多进行几场红包、礼券发放活动。

（4）互动。创始人在直播间直接与观众互动，公布个人微信号，让观众添加。在添加好友的过程中，主播可以点出第 9 名、19 名、29 名、39 名新加好友的名字，并为这些幸运观众送出红包。

（5）直播结束。创始人在企业的自媒体上及时发布新闻稿和自己的直播心得，把这次直播“包装”成餐饮行业的典型案例。

（三）员工直播：展示品牌内涵

餐饮企业让员工自己通过直播的形式进行品牌宣传，符合目前员工普遍喜欢自我展示的心态。直播过程中的打赏也能够作为一种特殊的奖励，在增加员工收入的基础上，增强员工对企业的自豪感和工作积极性。

员工直播的内容其实很简单，就是日常的工作，如每天早上的晨会口号、热诚的服务、清理桌面的技能、刀工技能比武，都可以作为员工直播的题材。

餐饮企业在开展员工直播的过程中需要特别注意两点：一是，为了防止直播影响店内的正常运营，员工直播必须控制在一定的范围，既不能让所有员工都做直播，也不能让某个员工全天直播妨碍了工作；二是，为了防止不够严谨的员工在直播过程中误将企业的专利菜品配方等需要对外保密的内容公布出来，餐饮企业必须在直播前对相关员工做好保密教育，以防直播的效果适得其反。

开展员工直播的步骤：

（1）餐饮企业中高层管理人员直播员工的日常工作。

（2）在直播中及时点名表扬部分表现优秀的员工并采访这部分员工。

（3）让员工自己直播例会、内部活动等。

(4) 时不时地让员工直播一下工作之外的生活。

(四) 顾客直播：现身说法立口碑

请餐饮企业的忠实客户亲自做主播宣传产品不但可以增强说服力，避免企业自说自话的尴尬，而且能通过宣传主体的“外包”，降低企业的直接宣传成本，可谓一举两得。

实际上，顾客直播的模式与餐饮企业普遍进行的“朋友圈转载/大众点评点赞有好礼”的口碑营销本质上是一个道理：通过奖励诱导顾客进行直播宣传，分享就餐经历，为企业打造良好的口碑，提高品牌的曝光度。

开展顾客直播的步骤：

(1) 构建激励机制，激励顾客参与直播推广。

(2) 通过微信、微博等媒介宣传该直播，并将餐饮企业的品牌形象和直播绑定。

(3) 在自媒体上发布专门文章，将直播案例“包装”成餐饮行业的成功典范。

(4) 为直播顾客专门创建一个微信群并做好维护工作，通过内部活动、发红包等形式最大限度地保持微信群的活跃度，以作备用。

以上 4 种表现形式是目前餐饮直播在实践中的具体形态，相信随着越来越多的餐饮企业参与到直播营销过程中，未来还会有更多的表现形式。

六、后厨直播：为食品安全保驾护航

直接决定菜品质量的后厨对消费者来说一直是难以实地了解之地。随着全社会对食品安全的日益重视，餐饮企业向消费者全面展示自己产品的安全性已经迫在眉睫。在此情况下，后厨直播登场了。

将后厨通过直播的形式纤毫毕现地展示给消费者，让消费者通过对后厨的了解，清楚菜品究竟是在什么地方通过什么工序制作出来的，让其在就餐时做到心里有底。直播中，企业后厨里的卫生条件、人员素质、服务水平一一展示，让消费者放心、安心进而用餐开心。

美团外卖与腾讯旗下的 QQ 物联宣布合作打造一档针对外卖后厨的直

播栏目。在美团外卖配送事业群总裁王慧文看来，美团外卖通过网上实时的视频直播可以将原本神秘的厨房内部变得透明化，无论是餐厅的经营环境还是厨房的操作过程都可以通过摄像机的镜头一览无余地展现。当然，用户要想事无巨细地了解餐厅后厨，前提是该餐厅参与到了美团的直播项目中。这个直播让消费者得以在了解后厨真实卫生情况的基础上，更为放心地选择自己青睐的餐厅。

美团要进行后厨直播的消息一经公布，迅速引起了餐饮行业和整个社会的广泛关注。很多媒体都对美团勇于将后厨曝光于社会、保障用户知情权、监督权的壮举予以了肯定。

餐饮企业开展后厨直播的主要目标无疑是强化消费者对餐饮企业的信任感，对餐饮企业而言，不可编辑、实时公开的直播形式实际上也是一种自我监督、自我约束的有力措施。

事实上，餐饮企业开展后厨直播不仅由表面上的信任需求决定，还有其存在和发展的内在逻辑和必要性（见图 6-8）。

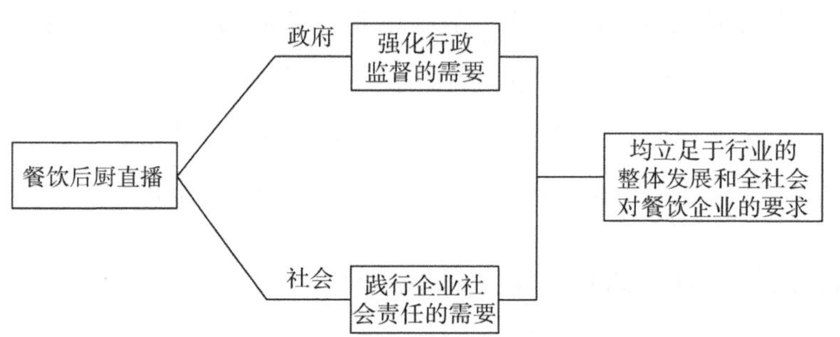

图 6-8　后厨直播存在和发展的必要性

强化行政监督需要后厨直播。餐饮产业的市场主体除了企业和消费者两方外，还有政府监管部门，因此餐饮企业要想长远发展，必须达到政府监管部门的要求，这既是考验，也是获得政府信用背书的契机。伴随“互联网+”模式的持续深入，行政监管部门迫切需要改变以往的线下监督模式，创造互联网+监管的新模式，而后厨直播正是这种互联网+监管模式的巧妙实践。政府食品安全监管机构和卫生部门也可以通过直播实时监控企业的生产状况，这虽然可能引起员工的不适，但从长远来看，直播监督鞭策了员工对规范操作的要求，对企业的健康、可持续发展有百利而无一害。

践行企业社会责任需要后厨直播。在中国经济提质增效和消费升级的大背景下，不管是实体餐饮企业还是网络餐饮企业都必须承担起自己的社会责任，而保证食品的安全和消费者的知情权正是餐饮企业最基本的社会责任。从这个角度来说，后厨直播正是餐饮企业认真践行企业社会责任的直观体现。只有敢于承担社会责任，餐饮企业才能走出恶性竞争的怪圈，实现良性发展。

后厨直播的出现直接破解了后厨卫生监督不透明这一广为消费者诟病的死穴，同时彰显了相关餐饮企业勇于作为的企业形象。相信在未来的餐饮行业中，我们会看到越来越多的“明厨亮灶”直播为人们舌尖上的安全保驾护航。

七、斗鱼联手肯德基：餐饮巨头的营销创新之旅

斗鱼 TV 知名电竞主播单车老师在“单车老师不迟到”直播间直播“守望先锋”。电竞直播的间隙，他吃起了肯德基特价早餐。早餐的美味似乎透过屏幕飘到了广大观众的面前，大大刺激了刚刚起床、肚子空空的观众们的味蕾。顷刻间，直播页面便被密密麻麻的弹幕“看饿了”霸占。这个时候，单车老师抓住时机故作惊叹“原来大家都这么爱吃肯德基”。接着，他顺水推舟告诉大家肯德基的最新优惠活动。在 5 天的活动中，直播观看人数超过 23 万。

而这次活动，无论是对斗鱼还是肯德基而言，都并不是首次探索“餐饮+直播”的营销模式。一方面，在和肯德基合作之前，斗鱼已经尝试过与其他企业和平台的跨领域合作；另一方面，肯德基在之前也尝试过“餐饮+直播”的营销模式。总之，对于餐饮+直播的营销模式，斗鱼和肯德基都不陌生，且二者均对该模式兴趣盎然。正是对该模式的相同认知，促成了双方的合作。

对肯德基来说，这次活动是其整合优质流量资源的有效渠道，肯德基看准的正是斗鱼的主要消费群体——年轻一代，该群体正好也是肯德基的主要群体，斗鱼为肯德基提供了精准优质的流量，肯德基则给斗鱼提供了流量变现的机会。

第六节　助力富农的直播+农产品

“直播电商”营销模式于 2016 年诞生，同年 3 月淘宝直播试水运行，2019 年正式上线。自此，淘宝直播依靠平台流量快速发展。《2020 淘宝直播新经济报告》显示，淘宝直播用户数量至 2019 已高于 4 亿，开播账号同比涨幅达 100%。天猫数据显示，超过 50%的商家采用“直播带货”的新营销方式刷新了历史成交额。伴随国家扶贫政策的下达，淘宝直播开始寻求与农村农民生产的结合。2018 年 9 月，300 多个县通过淘宝直播售卖农产品，7 万多场农产品销售直播在淘宝平台开启，曝光量高达 2 亿人次，成交额超亿元。2018 年 12 月，阿里巴巴开展脱贫公益直播，50 个贫困县的乡村干部参与到带货直播中，为家乡代言，助力当地脱贫致富。2019 年 3 月，“村播计划”被提出，淘宝直播规划了同全国 100 个县合作直播的方案，助推农产品走出乡村。2020 年年初突如其来的新冠疫情，使得大量农副产品滞销，在这一背景下，为了解决脱贫攻坚遇到的问题，网络直播助农这一新扶贫模式应运而生。这一新兴农产品售卖方式促使农产品线上零售额不降反增，实现正增长，销售额总计高达 936. 8 亿元，同比增长率达 31. 0%。其中，增长最快的为肉禽蛋、粮油和蔬菜，增速高达 70% 以上。全国 832 个国家级贫困县网络零售额达到 277. 5 亿元，比全国网络零售增速高 14. 1%。截止于 2022 年电商平台直播带货销售额比以往增长了 8 倍之多。而“直播带货”的快速发展，也催生了网点微商、农民博主等就业岗位，成为农村创业的一个重要方式。“直播带货”走进农村，成为农村发展的“新引擎”，强化了乡村振兴进程中网络新媒体的力量，为乡村振兴战略的推进提供了创新路径。通过电商直播平台等渠道，将本地的特色商品、自然风光、文化旅游资源，及时、清晰、准确地对接全国大市场，拉近与各地消费者之间的距离，带动乡村旅游、餐饮及民宿等产业的发展。同时，每日乡村告诉你，通过直播的带动，将乡村的绿水和青山的旅游价值推广出去，成为创收的重要资源。

每日乡村发现，直播电商能较好地解决农产品市场中长期存在的供需错配、产销矛盾突出、信息不对称、销售渠道不畅等痛点。网络直播能够充分发挥专业性强、流量集中、复购率高等优势，系统性助农、富农，流量惠农，不断打造出特色农产品品牌，提高产品附加值，让农民共享“直播经济”的红利，进一步扩大助农成果。

一、农村“直播电商”发展阶段

“直播带货”作为一种电商发展模式，在乡村中的发展成熟经历着流量扶持、内容输出、品牌形成的三个发展阶段。

第一阶段是流量扶持阶段。这一发展阶段中，农村“直播电商”依靠政府和平台的扶持性政策发展起来。2018 年，短视频平台入局“直播电商”，凭借可观的流量助推“直播带货”发展。同时，为响应国家乡村振兴战略的号召，不同平台持续推出扶持计划。如 2020 年 4 月腾讯微视推出的乡村品牌方案，方案涉及“一键流量扶持”、商品上架及销售无门槛、平台的销售帮扶、品牌定点对接四个方面，为农村“短视频+直播+电商”新模式的发展提质增效。

第二阶段是内容输出阶段。这一发展阶段中，有价值的直播内容成为“直播带货”的新看点，粉丝更可能会为优质内容“买单”。由于大部分农村地区人才匮乏，目前农村“直播带货”优质内容的呈现更多依靠农民“网红”、名人或媒体、官员合作带货的方式实现。如“网红+直播+电商”的带货模式能够制造直播内容看点，吸引更多粉丝，获得更好的带货收益。2021 年是内容电商的战场，内容成为“直播带货”第二发展阶段的关键。农村直播电商积极融合各领域，探索出各种各样的传播模式，制造直播看点，提升带货的内容价值，是目前大部分农村“直播电商”的发展现状。

第三阶段是品牌形成阶段。这一发展阶段中，农村通过“直播带货”的电商发展模式，打造更优质的电商产业体系。如农产品形成自己的特色品牌，农业生产规模化、智慧化，企业带头建设优质直播电商平台，打造优质直播电商服务，完善直播人才培养体系等，这一发展阶段是农村直播电商发展要达到的目标阶段。

“直播带货”随着淘宝、快手、抖音等平台的发展而发展起来，在国家及短视频、电商平台的鼓励政策下成为助力农民脱贫的新手段。

二、农产品电商直播的主体参与

2020 年 7 月，国家人社局将“直播销售员”增设为新工种，这意味着主播在政策的保障下成为当下最受追捧的职业之一。不同的主播有不同的销售特征，适用的推销场景也不同，成本费用和销售效果都存在差异。为商品选择合适的主播进行营销推广，能够发挥直播带货的最大优势，实现利益最大化。农产品作为日常消费品，大多价格不高、种类丰富且接地气，作为独立的垂直品类，农产品直播的主播类型有所不同。根据直播行业报告和实际直播情况，本文将农产品电商直播的传播主体，也就是主播类型分为四大类：政府官方人员、明星红人、专业带货主播、农户自播。

（一）基于信任背书的政府基层官员

1. 具有权威性

农产品电商直播牵扯到多个利益方，在直播平台与农产品资源的对接中，需要政府的指导与扶持。在这个过程中，县一级政府成为协调资源的重要力量。县城是城市与农村的经济结合点，县级基层官员在联通城市与农村有着天然优势。在普通老百姓眼中，政府官员是政府的代表，象征着权威、官方。根据直播数据显示，走进直播间推销农产品的政府人员以县长、镇长为主，大多服务于基层，对当地农特产品的收成、销售情况有比较直观的了解。早在 2018 年就已经有基层官员走进直播间，当起了本地农产品的带货主播，但真正让县长带货成为一种直播新气象的，却是 2020 年新冠感染疫情笼罩下的滞销难题。2020 年初，疫情来势汹汹，全国多地实施交通管制，物流受阻，生产贸易被迫减缓甚至停止，不易保存、保质期短的农产品首当其冲。艾媒商情舆情监测系统数据显示，新冠感染疫情暴发期间，关于农产品的热点主题词云主要是“滞销”“稳产”“市场供应”等，农产品平均口碑仅为 18.4，整体数值 0—100，可以看出农产品的评价基本以负面为主，这都是因为疫情使得产销流通不畅，消费者出现恐慌心理。为了减少农产品损失，减轻农民负担，助农直播活动上线，人们居家封闭时通过网购食品，一方面保障了居民的日常食物供给，另一方面缓解农产品滞销问题，帮助农民度过疫情危机。在这种情况下，县长作为政府人员加入直播，将工作可视化、网络化，体现出来的权威性与官方性是被大众所普遍认可的。由于县长主播在现实生活中的社会身份是被观众所知晓的，是真实公开的，这与网络的虚拟性恰恰相反。观众在进入直播间后，对主播有既定印象，将现实世界的认知向虚拟世界进行延伸，权威性自然就成为这个主播群体的特点之一。

2. 接地气

从某种角度来说，网络直播是一种展示表演，游戏直播展示游戏操作，秀场直播表演才艺颜艺，电商直播中商品是主角，但是商品需要主播的展示才能达到信息传达的目的。个性十足、幽默风趣的县长们在直播间表现出色，以通俗的话语表达颠覆了人们对县长的刻板印象，收获了一众粉丝。山东商河县副县长王帅，在 2019 年便涉足直播带货，以连吃四只德州扒鸡的举动，坦率真诚接地气的形象，成为“网红县长”。据各直播平台的数据显示，淘宝自 2018 年村播计划实施以来，一共有 500 多名县长开始做起直播带货，“抗疫助农”期间，京东的百大县长直播团涵盖全国 20 多个省份，拼多多开通的“市长县长直播间”累计观看人数达到1100万。更有趣的是，淘宝直播在2020年4月发布了“春播月”淘榜单，对直播带货表现优异的5名基层官员主播进行表彰，设置的奖项名称非常贴合县长们的直播风格。“最拼命直播奖”获得者是湖南城步县副县长刘书军，他自2019年9月开始直播，直播的农产品销售额达到300万，为了销售辣椒一边吃泡椒，一边喝牛奶解辣。海南三亚市市长用一口流利的东北话卖出6万斤芒果摘得“口音最正宗奖”；为了多销售商品，将选品安排得满满当当，卖完农货卖布鞋的山东省惠民县委副书记李宁波获得“最有味道直播奖”；“最佳才艺奖”颁给了江西余干县驻村扶贫书记蔡美芳，她演唱的余干版《南山南》引发观众对余干风土人情的兴趣。县长在直播间的形象转换就是如此，在直播中他们需要放下架子，与观众打成一片，为了卖出农产品不惜拿出十八般武艺，唱戏、哼歌、表演更是信手拈来，不少观众成为他们的粉丝，销量自然不必担心。

“直播+县长”模式是新技术背景下农产品销售模式的创新，也是直播向着精细化方向发展的有利尝试。县长等基层官员主播是农产品直播特有的主播类型，这是政治因素与经济因素良好互动的产物，拥有网络卡里斯玛品质的县长主播为农产品提高了销量，扩大了知名度。

（二）基于名人效应的明星偶像主播

1. 直播奇观

当明星偶像涉足电商直播，一方面媒体与电商平台合力打造了“奇观”，吸引更多的流量进入直播间，观看人数激增；另一方面，偶像作为一个消费符号，其拥有的粉丝群体不仅会自发购买偶像代言的产品，还会线上线下进行产品宣传，以此彰显偶像的商业价值。这种从粉丝对偶像的感情出发，依靠粉丝的购买力和转化率，来实现商业盈利的经营性创收行为，被称为粉丝经济。随着大众文化逐渐商业化，粉丝经济也随之快速发展。明星偶像在电商直播中带来的巨大流量和可观的销售量，使得明星主播成为主播行列中的中坚分子。

明星偶像造成的直播奇观主要体现在四个方面，分别是人物奇观、视听奇观、互动奇观以及叙事奇观。人物奇观主要是指在农产品直播中，平时与观众有距离的明星偶像突然与柴米油盐的日常生活有了联系，刷新了大众的印象。在直播间，主播的组合搭档也会吸引大众的关注。明星直播常见的主播配置是明星+专业主播的模式，有时还会有多为明星组合直播。这样，不同明星的话题度和热度不断叠加，能达到最大化的引流效果，吸引到不同需求的观众进入直播间。视听奇观主要是由农产品直播的特点引发的，轻松、愉快的直播氛围是受观众所喜爱的。为了渲染这样的直播气氛，明星不惜拿出个人绝活，引起直播间观众的刷屏。此外，口头语言的生动有趣也是明星直播的一大要点，脱离了影视剧里的角色形象与语言表达，明星在直播间的表现最大程度地反映了他们原本生活里的样子。视觉与听觉的双重反差，恰好满足了观众对明星偶像的窥私欲，提高了观看热度。互动奇观是指在网络的匿名环境下，观众可以在直播间自由地进行评论交流，参与明星发起的投票抽奖，多样的互动方式增强了观众的参与感和互动热情。叙事奇观则聚焦在明星直播的风格上，不同的明星有各自的行为表达。农产品直播不仅展示了明星的个人特色，还影响了产品的价值与销售效果。直播的叙事策略一般有话题的引入和话语的表达，除了当下的社会热点还会有关于明星个人的话题，这是直播开始前必要的铺垫。在这里不再以明星为唯一的中心点，直播带货更多地是站在观众、站在消费者的角度来完成对话的，自然而然明星与观众的距离更近了。

2. 引导公益助力

与其他产品不同，农产品销售大多为瓜果蔬菜、山货特色，价格不高、波动稳定，但关系着农业发展和国计民生。明星进行农产品直播，主要以扶贫直播、抗疫助农性质为主，往往是公益性质的。淘宝平台在2019年开始将邀请明星入驻淘宝直播纳入计划中，在2020年年中大促期间邀请了近300位明星进行商品代言直播，其他平台如京东、抖音、快手也在着手布局直播生态。2020年4月，央视主持人朱迅与李梓萌联合共同为湖北直播带货，包括周黑鸭、恩施茶叶在内的十几种湖北特色食品，尤其是朱广权讲段子似的推广方式深受大家喜爱，刷新湖北公益直播助力的记录。除了电商直播间这种形式，将明星、电商平台与媒体平台相结合，也是直播的一种发展趋势。在综艺节目《极限挑战》中，嘉宾要完成的一个任务就是与主播薇娅比拼各自的农产品销售量，明星嘉宾通过努力，在40分钟内，出售完所有商品，累计销售额达660万元。《出手吧兄弟-芒果扶贫云超市大直播》晚会则是由拼多多平台与湖南卫视、湖南政府下相关部门联合举办的，通过在卫视平台与电商平台同步直播的方式，汪涵、凤凰传奇等15位明星化身主播带货，吸引大量流量，进行现场销售农产品活动。与传统的宣传方式不同，电商直播的实时互动更加直接，观众点开链接就可以购买明星推荐的产品，帮助滞销产品解决销售难题，而明星自带的流量与商业价值，让这个难题迎刃而解。明星主播为农产品直播带来观赏性，为消费者提供良好的购物体验，将消费与助农扶贫连接起，这一举动也能体现明星的社会责任感，引发更多人的关注，最终实现多方利益的统一。

（三）基于职业技巧的专业主播

1. MCN人才输出

专业主播是指以直播为工作的职业主播，主要收入由佣金和坑位费构成。佣金是由直播总成交额决定的，主播按照一定比例抽成，坑位费简单来说就是商品进入直播间的上架费用。主播职业在市场上大受追捧，其配套的培训体系也日益成熟，MCN（Multi-Channel Network）机构在中间就起到了输送优质主播的作用。MCN是从国外引进的成熟的网红经济运作模式，目的是打造专业平台以链接优质的PGC内容（专业生产内容），依靠资本支持，持续输出内容，从而实现稳定的流量变现。MCN策划的主播生命周期分为三阶段，前期主要挖掘网红、主播，进行直播技能的培训；中期确定直播内容，组建运营团队；后期引入流量，完成商业变现。据TOP-KLOUT克劳锐报告显示，我国MCN机构的数量从2015年的150家增长至2020年的20 000多家，呈现井喷式发展趋势。目前市场上，大部分专职主播都有签约MCN机构，而激烈的行业竞争要求主播拥有过硬的专业技能，因此在直播带货上面与其他类型主播相比更加有经验。

2. 推动农产品直播专业化

在农产品直播场景下，主播队伍有两种类型，一种是专业主播单独直播农产品，利用自身的销售能力和粉丝群体进行卖货，还有一种是与明星或政府官方组成主播组合，引领县长和明星完成直播活动。快手粉丝千万级别的主播辛巴，为家乡黑龙江推广农产品，在近千种产品中选择了几十种，并且花费几个月时间与供应方对接，确保直播前准备工作做到位。在这场直播中，辛巴与37位黑龙江县长、市长联手，3分钟卖出35万单完达山酸奶，五常大米售出40万袋，最终成就了全场1.65亿成交额的直播带货神话。除了依靠MCN机构输送主播，地方扶贫办和电子商务协会合作组建的主播人才团队也是职业主播中不可缺少的一部分。广东省扶贫办和省商务厅，委托省农村电子商务协会举办的“广东省消费扶贫主播培训班”，就是以壮大广东省电商直播队伍，助推扶贫增收为目的展开的实践活动。成熟的专业主播是助农直播的主力，少数头部主播的成交额往往高于绝大多数小主播的总和，凭借丰富的直播经验和销售技巧，专业主播带货能够带来可观的直播转化率，有力拓宽了农产品的销售渠道，推动农产品直播向着专业化方向发展。

（四）基于自我探索的农户商家主播

1. 草根形象

由于主播担任着导购的角色，需要通俗易懂地介绍产品，所以在直播语言方面不适合过于文艺、过多修饰，尽可能地用口语表达，生活化词语能够让观众更加准确快速地捕捉到商品信息。受直播时长限制，主播需要介绍的商品也比较多，直播时语速比较快，在描述农货时，有经验的主播会按照自己的习惯形成固定的话术，新手主播则可以按照商品的卖点总结成简短的描述性词语。比如在进行水果推荐时，秋月梨三叔常用的描述词语就是新鲜、好吃、实惠、很甜、酥脆、皮薄……这些词语在市场上买水果也经常能听到，比较口语化，容易理解。农产品直播中，对于农货的成色、口感和卖点，商家最是熟悉了解。农户大多文化程度偏低，且为了最大程度地确保信息准确，直播用语都被处理得简单化、生活化。这样农户直播就给观众留下了朴实真诚的印象，直播风格也偏向自然田园风。

2. 探索农业数字化理念

抖音用户“秋月梨三叔”是一位河南果农，自家果园主要种植苹果、梨子、桃子等五六种水果，这两年直播风潮迅速蔓延到田间地坎上，三叔也开始走上了直播之路。他的日常直播由他和老伴两人出镜完成，直播间设置在农村院子里面，有着最简单的人员配置和直播间装饰。在一次雪桃直播中，有观众发评论质疑桃子上的黑点，三叔立即给出解释并且将直播场景搬到桃园，观众可以直观地看到黑点其实是果绣，属于果子生长中的正常现象。这样不仅打消了观众疑虑，还增加了消费者新奇的购物体验。商家自播丰富了直播场景，利用园区的天然环境直播，构建虚拟的购物环境，增强消费者临场感，让消费者可以一边“逛果园”一边购买水果。这样的直播间，支起手机便可以完成，真正地降低了直播成本，让传统农业积极拥抱新技术，焕发出新的生机。商家自播中呈现出来真实、自然的特征符合农产品的调性，再加上低成本的优势，使它成为农产品直播的普遍发展趋势，是主动探索农业数字化的重要力量。

三、农产品电商直播的平台选择

从目前农产品的线上购物平台来看，我国涉农平台已经超过 3 000 个，并形成了“两超、多强、小众”的格局。其中，“两超”指阿里、京东旗下的农产品电商，“多强”指的是具有较强竞争力的农产品电商，“小众”指成长中的特色农产品电商。

（一）“电商+直播”的专业平台

1. 开通直播吸引流量

传统电商平台以电子商务交易为其发展的核心业务，直播是作为商品信息呈现与营销的手段而存在的，“电商+直播”是电商平台积极寻求流量的新型方式之一。电商平台开通直播板块已经成为电商行业的普遍趋势，电商直播的特征，如多形式即时传播、双向互动、体验真实、自带商品属性在前文已有详细讨论。此外，具有商业属性的直播内容因为涵盖尽可能多的信息，减少受众决策的不确定性，直播商品的应用场景以及商品本身的消费符号意义，使得消费者在直播活动中拥有更多的购物体验。直播的使用有助于电商平台获取受众的碎片化时间，利用丰富愉悦的直播内容吸引受众注意力，大大缩短受众接收商品信息的时间，简化商品与受众触达的流程，最终促使受众产生冲动消费的行为。在“电商+直播”模式下，电商平台借助直播形式连接起了买家与卖家，还连接了 MCN 机构与主播。平台上的商家可以直接在平台直播卖货，也可以找 MCN 机构进行代播，电商平台基于大数据将直播推荐给目标用户，一部分用户通过直播了解到购买信息完成下单，部分用户将直播分享到好友圈或社交平台，实现二次传播发酵引流。

2. 消费属性与平台规训

淘宝的直播功能在 2016 年正式上线，最初为淘宝首页的内嵌模块，主要目的是为生活类消费品提供展示与销售的窗口，后来随着电商直播普遍化发展和直播品类多元化拓展，淘宝持续加大直播模块的投入，于 2019 年上线了淘宝直播 APP 作为一个独立的直播业务，形成了手机淘宝首页内嵌入口与淘宝直播 APP 入口并行的电商直播模式。直播为淘宝带来的受众流量及商业变现是可观的，但这与淘宝作为 TOP 级别的电商平台所拥有的自身优势息息相关。淘宝在电商领域布局发展多年，在用户覆盖度、商品种类、货源供应链及所占市场份额都具备很强的业务优势，至今的淘宝直播间商品品类就已经覆盖了电子产品、食品、服饰、洗护用品、家电等大大小小涉及消费者生活各方面的商品，并且通过与一千多家 MCN 机构和代播机构的协约合作，获得主播数量的保障与优质主播的成交额背书。除了完善的电商生态，淘宝作为传统的电商平台拥有庞大的用户群和用户的强消费属性，打开淘宝就是要购物的观念已经深入用户心底，直播作为催化剂加速了消费的完成。当然，自直播功能上线，不仅国家政府出台了相关的直播政策规定，淘宝内部也有一系列直播规则，比如主播开直播的条件限定、直播内容的健康监测、直播多方的收益玩法等，约束主播行为，保障各方利益和电商直播的长效发展。

3. 巨大的社会影响力

近年来，以淘宝、京东等为代表的农产品电商平台向农村乡镇地区拓展业务，大力开拓下沉市场，从人才、技术、资金方面为缓解农产品供销矛盾提供了有力帮助。京东推出“百大县长直播团”，与县长携手为农产品畅通销售渠道，在2020年“618”期间打造主题直播如“粮油产业带寻源之旅”“京源助农”等，在供应源头加快直播的步伐。截止2020年8月底，阿里巴巴农产品销售额突破5 400亿，助力打造了超过百个10亿级别农业品牌。2018年9月，淘宝直播推出了“农产品产业带直播”模式，开始尝试在产业区直播，并于2019年启动了“村播计划”，与全国100个县建立长期直播带货合作关系，培养农民主播作为当地直播的储备力量。据淘宝村播数据显示，单单从2020年5月到8月，淘宝的农户主播数量增长近50%，总人数超过10万。这些数据说明，占据市场大部分份额的淘宝已经成为我国农产品上行的主要平台。到2020年底，淘宝直播共开通了18个频道，农产品主要聚集在产地直供、家乡好货、吃货力荐频道中。这些频道一般为农产品直播专场，不包括综合直播中的农产品。在2022年天猫双11期间，阿里巴巴发出“农货多一件”倡议，“让农产品在双11从后排到前排，多当3分钟主角，让老乡腰包更鼓一点”。倡议发出后，李佳琦、蜜蜂惊喜社、烈儿宝贝、陈洁kiki等主播纷纷参加。双11期间，有1 664万网友为老乡下单，直播间累计卖出3 549万件农货。160个国家乡村振兴重点帮扶县的农货销售额同比增长35%，4. 6万多款农货销售额同比增长超100%。在淘宝平台开店的商家经过申请，符合条件便可以为店铺的农产品做直播。淘宝商家依托淘宝平台巨大的用户量，在日常的店铺营销手段以外，利用直播的优势实现销量的更快增长。直播带来销量的同时，还可能吸引新流量进入，获得新的买家，从而形成良好的直播带货生态。

（二）“流量+电商”的内容平台

1. 引进电商完成变现

内容平台以深耕内容领域为主，在为用户提供高质量的内容服务后，获取粉丝与大量流量，引入电商是实现流量变现的途径与手段。内容平台的呈现形式有很多，一般有文字类如知乎、豆瓣，图片类如 Instagram、小红书，视频类如抖音、快手等，这些形式都比较短小轻快，适合进行内容的记录与传播，进而引发用户的关注分享行为。视频比起文字图片更加生动，而直播视频又比录播视频更具共时性，所以抖音、快手类的短视频内容平台早已将直播作为优质内容输出的形式之一。"直播+电商"的模式是内容平台通过第三方电商平台或者自建电商供应链，将平台的内容消费者转化为电商的商品消费者，平台从中抽取推广与引流的佣金。这时，抖音、快手内容平台的主要业务依旧是视频直播内容提供，平台向着成熟期发展，有了一种稳定可实现的商业变现方式。

抖音、快手作为短视频内容平台两大巨头，拥有数量庞大的用户数量和可观的用户活跃度。只从华为应用市场看，截止 2020 年 12 月底抖音 APP 拥有累计 172 亿次安装，快手 APP126 亿次安装，其他版本数量不计。根据 Quest Mobile 数据，2020 年 9 月抖音 DAU（日活跃用户数）已达 5.27 亿，快手则接近 4 亿。这些海量数据资源记录了用户数据，赋予抖音、快手较低的直播用户获取成本，为商业营销提供了天然流量池。2020 年快手直播日活跃用户数在 1.7 亿左右，年直播成交总额前十位主播中有五位来自快手，辛巴位列快手第一。在疫情期间，辛巴直播助力家乡农产品销售，成交额超过一亿。在平台尝试引入电商初期，网红资源与直播场景较丰富，但商品供应链不完整，只能依托第三方电商平台的货源。2018 年抖音与淘宝进行合作，拥有百万粉丝以上的账号开通了购物车功能，在直播间中点击链接可以实现淘宝购物跳转。但接入第三方平台，只能监测到直播链接跳转的数据，无法进行下一步购买行为的记录，限制了平台商业变现渠道的拓展和长期发展。因此，抖音、快手积极寻求解决方法，搭建平台内部电商渠道，完善商品上下游建设。抖音上线小程序电商和抖音小店，摆脱第三方平台依赖，在 2022 年国庆期间，抖音直播带货商品链接有 9 成以上来自抖音小店，打造站内自有电商战略卓有成效。快手的商铺主要分为个体商铺和厂家商铺，个体商铺由于规模与货源较小，销售的大多为农产品类自产自销商品，这与快手在下沉市场的覆盖率密切相关。厂家商铺多与品牌方合作，有低价的工厂货源，服饰类、日化类、生活用品类商品占据绝大多数比重，直播中通常使用薄利多销的补贴手段。

2. 社交属性与用户黏性

有学者认为抖音与快手的电商生态圈拥有社交属性，属于社交电商类别。社交电商是基于社交性发展起来的，抖音、快手以 UGC 内容为主，用户既是内容的消费者又是内容的创作者，当内容受到喜爱后，会引发用户点赞、评论、分享、关注行为，进而将观众转化为粉丝，创作者逐渐成为有一定影响力的 KOL 或者网络红人。不同网红拥有的粉丝群体存在着差异，商家一般会选择符合产品调性的代言人类型进行直播推广，有利于激发消费者购买欲望，高效完成精准营销。再者，关注者与被关注者有着相似的价值取向与消费观念，内容平台营造的弱关系社交氛围使得二者更容易建立信任关系，与明星偶像效应相同，粉丝更愿意为偶像代言买单，更容易由商品信息接受行为转变为商品消费行为。用户黏性是以用户使用产品的频率与时长等各种指标来衡量的，一般来说，内容平台的用户黏性比较高，这是由内容消费的性质决定的，因为从观念上建立起来的联系相对固定。这是内容平台所具有的独特优势，用户对平台的忠诚度可以变成信任资本，信任资本转化成销售额就更加顺理成章。

3. 优质的内容输出

2020 年 7 月，快手大数据研究院发布的《2020 快手内容生态半年报》显示，快手用户城市分布中四线及以下比重为 31%，仍然位列第一，而一二线城市占比显著增加。快手早期致力于服务下沉市场用户，小镇青年与农村用户是它的主要用户群体，近几年向一二线城市渗透，用户群体分布更加广泛平衡，这为农产品上下游对接打通了通道，使得快手成为最早尝试进行农产品直播的平台之一。用户进入直播的路径有两个，一个是平台首页的直播模块，点击后可以看到更多直播分类，农产品在购物卖货频道；另一个是用户观看视频时，点击有直播标识的头像就可以进入直播间，关注账号直播会有提醒信息。除了少数头部主播，快手在流量扶持机制下，培养了一大批腰尾部农产品主播。与电商平台直播不同，商家在内容平台直播首先要做好内容输出，打造个性鲜明、定位准确的优质账号。河南果农三叔在抖音和快手都有开通了同名账号“秋月梨三叔”，快手粉丝和抖音粉丝都有40多万，日常内容为农人三叔三嫂对流行歌曲的趣味演绎，拍摄场所在乡下院子或者果园，视频点赞数基本在几十万甚至上百万左右。在视频创作过程中，三叔注重商品道具的利用，加强了果农的身份，塑造浪漫有趣的农人形象，拉近了与观众的心理距离，近几个月的雪桃、苹果直播数据比较可观。做好账号内容虽然在前期需要投入巨大的精力和时间，但是一旦与关注者建立起联系，那么后期完成流量的转换就水到渠成了。

电商平台核心优势在商品售卖环节，具备成熟的消费场景与买卖双方关系；而内容平台则胜在营销环节，优质内容的输出和社交属性提高了用户黏性。对于内容平台而言，电商是打造完整价值链、形成商业生态闭环的重要后台，解决流量变现问题。对于电商平台来说，农产品直播作为信息呈现形式，本身具有的营销属性和社交属性，在销售商品之余拓宽了平台的流量入口。但不能忽视的是，内容平台兼顾电商的同时必须思考，优质内容与商业变现之间的矛盾能否协调，如何最大化消解用户对营销内容的抵触心理。再者，自有电商供应链建立初期会影响商品的销售属性，无法满足用户多样化的消费需求，丰富农产品种类，是“直播+电商”模式未来发展的重点。

此外，在农产品领域有一批独具特色的专业农产品购物平台。有直播带货电商平台，如山山商城、野售。山山商城成立于2014年，将直播与农产品购物相结合，通过商家产区的直播摄像头记录农产品生长过程，提供商品溯源数据。最特别的是，用户可以预约订制生长中的农产品，标记立牌后直播观看产品成熟发货全过程。平台商品分类涵盖绿色有机、粮油干货、茶叶冲饮、生鲜食品等，统计用户反馈发现，消费者评价多为品类丰富、绿色健康、快捷实用。野售成立于2020年，专注农特产直播，推出无货开店模式，商家无须自备货源。云上观展则是一个农产品溯源直播平台，对产地环境、生长周期、质检记录提供溯源服务，用户可以享受农场直采、乡味定制的田园风光和购物双重体验。这些小众平台是农产品加快数字化进程的表现，尽管发展还不够突出，但仍是推动农产品上行的一股力量。

四、农产品电商“直播带货”主要营销模式和特点

1. 达人模式

即“个人 IP+直播带货”模式，通过塑造专业领域 KOL 的角色，进行顾问式导购，“达人”可自行选品，你就可以做自己的严选品牌。这种营销模式的主要特点是个人 IP 为核心，而不以产品为核心，因此获得消费者信任尤为重要，这是私域流量获取的重要途径。例如 2020 年 4 月，由快手平台一手打造的“百城县长直播助力”广西专场活动在快手直播端拉开序幕，此次活动是由国务院扶贫办和广西壮族自治区农业农村厅牵头，联合快手平台共同发起，活动惠及桂平市、平南县、乐业县、金秀县、隆林县以及蒙山县等多个县市，通过县长的影响力，积极帮助农民销售农产品，同时也促进地方电子商务的发展，实现“造血”助农。活动上最吸引人的莫过于各县的“县长”们，县长们脱去“官服”。化身成为各县农产品的“网红主播”，为本地农产品站台。这次活动，共吸引了 1 296 万的浏览量，赚了 158 万的点赞数，销售了百香果、红糖、黑米汤圆、蜂蜜等 20 多种滞销农副产品，订单量 17 万多件，累计销售额 458 万元。此次活动之所以获得成功，“县长”们的带货能力不容小觑，而触发了消费者购买欲望的，首先是出于对“县长”这个大 IP 的信任，其次各位县长们对本土产品非常了解，在产品推广过程中能详尽介绍产品来源和产品故事，这无疑是充当了专业导购的角色。

2. 基地走播模式

这种模式主要由产品供应链构建直播基地，主播到生产、种植基地进行带货直播。这种方式的好处是在现有的产业基地基础上架设直播销售渠道，对原有资源进行有效利用。例如“农村妈妈小曼”——吴培曼的直播模式。吴培曼是广西灵山县文利镇南城村建档立卡贫困户，一名标准的 90

后，在现实生活中，她是一个真正的农民，但在网络世界中，她也是一个拥有 30 万粉丝的“网红”。初期，吴培曼只是在抖音和西瓜视频发布她的日常生活细节，主要是以自家的菜园为拍摄基地，销售的也大多是自家种植的黄瓜、豆类、青菜等应季蔬菜，但是因为为人亲和，善于跟粉丝沟通，并且非常细心的研究网民的需求和喜好，制定一些个性化服务投其所好。因而粉丝数量迅速积累，订单数量也每天都在增加。2017 年，她就靠“直播带货”的收入成功脱贫。后来，吴培曼利用自己在抖音、快手和西瓜视频上的粉丝基础，开始帮助同村的贫困户带货，并成功地带领 5 个家庭摆脱了贫困。

由于她的直播间不但货卖得快，而且价格还卖得好，所以每当应季农产品上市，周边的许多农户都会找到到她来帮忙“带货”。现在，吴培曼跟村委合作，通过到当地红江橙、皇帝柑、沃柑等种植基地进行走播的形式，把农产品的种植、采摘、选品流程都在直播平台与网友们共享，将农产品的生产过程具象化，提升了产品热度。2020 年以来，她通过自己的直播间销售农产品实现收入约 25 万元，同时还带动当地 40 多户农户跟她一起直播创业，带领他们脱贫。在她的直播间里，累计销售了红江橙、皇帝柑、沃柑等农产品 10 多万公斤。

3. 店铺模式

所谓的店铺模式，即商家以网上店铺为载体，利用店铺自身的品牌优势或特色优势，以满足消费者对某种风格的偏好为目的，通过直播方式推广店铺的产品，从而实现成交。例如天猫平台上广西农产品直播间里，直播浏览量排名前三的店铺有“融安金橘”“广西河池水果特产店”“旧时光老味道”，这三个店的共同特征是：（1）以广西土特产为特色，店铺内主要销售的产品有浓厚的广西地域特征，满足消费者对“广西特产”这种风格的喜好，比如融安特产金橘、河池特产沃柑、北海鱿鱼仔等；（2）保持良好的粉丝互动，产品的成交频率基本保持在 48 小时内；（3）非直播时段，店铺制作了小视频滚动宣传产品特点，在固定粉丝流量上起到良好的效果。

五、农产品电商直播的发展困境

“直播带货”随着淘宝、快手、抖音等平台的发展而发展起来，在国家及短视频、电商平台的鼓励政策下成为助力农民脱贫的新手段。在电商助力乡村振兴中，确实让农产品卖得更好了，但也要补齐诸多短板。比如，基础设施建设有待完善，尤其是农村物流设施有待加强，产品的包装、保鲜、运输、售后服务等环节还不够完善。每日乡村发现，大部分农产品缺乏品牌建设和标准化建设，产品质量参差不齐，消费者对产品“望而却步”。农村电商人才匮乏，农民对直播不专业，无法较好地将产品推销给消费者。同时，农产品电商直播还存在以下发展困境：

（一）消费主义造成虚假直播

商品质量是消费者最关心的问题，随着经济发展，消费者的消费理念发生了变化，他们更愿意为高质量产品买单。商品的质量决定着农产品直播的生命力。农产品因地域气候和自身特性的不同，导致出现不同地区的产品质量参差不齐的情况。此外，很多电商商家在利益的驱动下钻监管空子，以次充好或假冒伪劣。

虽然直播可以最大程度地还原镜头下的产品，但是毕竟农产品是品尝后才能做出直接判断的商品，看到的与吃到的会有偏差。为了冲销量，相当一部分直播存在着夸大不当的宣传行为，“最甜”“最大”“全网最低”等营销话术充斥在直播间。消费主义盛行的直播行业，屏幕里的图片与影像成为产品的符号，在某个方面可以说，直播中观众完成了视觉消费。但是由于线上交易买卖双方处于不同的空间，失去了面对面的体验感受。即使直播间的产品品质确实不错，但经过运输等环节，消费者拿到的产品极有可能与直播不符。部分商品为生鲜食品时，还存在着不能退换货的隐患。2020 年 10 月，快手主播辛巴在直播间售卖燕窝，卖出 24 万份，总成交额近一千万。后来被消费者指出是用糖水做的假燕窝，而且成本仅仅是售价的十分之一。当地市场监管部门介入调查，辛巴被要求加倍赔偿消费者损失，并且封号禁播两个月。辛巴作为快手直播第一人，拥有千万粉丝，仍然做出败坏消费者信任感的造假行为，这让直播商品的质量问题更加被受众所诟病。

（二）简单叙事造成同质化直播

电商直播内容一般需要提前策划，不同的商品需要不一样的内容展示。农产品直播中县长、明星偶像的直播内容一般是由专业人员策划安排的，流程安排、互动环节井然有序且趣味性强，因此这类直播往往能取得很好的直播效果，创造惊人的销量神话。但是县长明星主播毕竟是少数，更多的是依靠直播卖货的商家主播。商家主播大多是赶着直播的热度，并没有受过专业的直播培训，不能很好地把握直播的内容和节奏，直播的话语模式单一重复，同样的产品用着一样的话术，消费者在观看直播时容易产生厌倦，购买过程中也就失去明确的目标。更有一部分卖家单纯开着直播，镜头对着商品却不与观众交流互动，把直播当作任务完成。即使是为了展示农产品的生长情况或者采摘打包过程，也应该选择更友好的方式。在怎样更好地呈现产品的品质、生长环境以及价格优势方面，套路化、模式化问题严重，直播叙事能力有待优化。

（三）行业门槛造成主播特色不足

在农产品直播中，主要有四类主播，县长和明星依靠着话题度和热度带火了助农直播，专业的头部主播则以与名人搭档或者直接与农产品供应商合作的方式参与其中，直播活动经常出现在新闻报道中。但是农产品直播并不能只靠这三类主播，更多的还要依靠处在主播队伍尾部的商家自播。这是因为直播间商品种类有限，并不是所有需要推广的农产品都能进入直播间，商家自播便可以为产品提供更多的曝光机会，为消费者提供更多的选择。明星县长的本职工作并不在直播带货上面，只能偶尔扮演主播的角色，这样就导致直播频率低，受众直播购物习惯培养慢。商家作为商品的供应方，大多为农业从业者，销售与直播是他们的日常工作的一部分。根据农作物的成长阶段与直播需要，商家可以灵活安排直播内容与直播商品，把农产品线上渠道销售常态化，让“数字成为新农资，手机成为新农具，直播成为新农活”。

但是虽说直播技术和移动终端比较普及，但是合格的主播作为多种能力拥有者，需要在直播中体现出销售能力、语言表达能力、自我表演能力、沟通能力和控场能力等，行业门槛阻碍了一部分群体加入农产品主播行业中，主播类型特色不足，主要集中在县长、明星群体，商家主播还不能成为农产品直播的中坚力量，大多数商家直播间数据惨淡，直播不能长久坚持下去。

（四）标准缺失造成品牌化程度低

对于农产品来说，品牌就是商品质量与服务的代名词，一个成功的品牌有区别于其他竞争商品的内在价值和特有的个性，受众需求从中获得满足，更易被消费者所喜爱。大部分受众选择有品牌保障的农产品就是因为品牌可以为质量和服务背书，消费者对产品有信任感从而减少购买决策时间。此外，品牌可以为农产品增值，提升农产品的价值和销售利润。

大多数情况下，我国同一地区农产品都存在品种单一、品类相同的问题。南方水稻、北方小麦，没有特色也没有价格优势，原生态产品较多，商品附加值低。目前农产品直播面临的问题是很多地区没有产地品牌，或者产区不出名，使用模糊的标签来推广产品。面对网上种类众多的商品，消费者很难从表面上判断产品的好坏，这时消费者会倾向于选择知名品牌产品。比如提到苹果，人们大多会想起山东烟台苹果、陕西洛川苹果，这是以苹果产区打造的著名地方品牌。延安市宜川县县长左怀丽直播苹果时，3 小时卖出 9 万公斤苹果，观看人数达到 30 万人，打出了宜川苹果的名声，为宜川县的苹果产区打上了品牌标签。因此，在竞争激烈的直播间，没有品牌加持的产品很难吸引受众的眼球，品牌化程度低是发展农产品直播亟待解决的问题。

六、农产品电商直播问题的解决对策

对此，每日乡村建议，应加强农产品品牌化建设，打造符合地方特色的区域公用品牌，加强农产品的溯源体系搭建。加强基础设施建设，建立健全农村流通网络体系。培养更多的电商人才，让电商直播实现标准化、常态化。加强对农副产品直播带货的监管力度，促进农副产品直播带货规范健康发展。对假冒伪劣产品进行打击，提升对消费者权益的保护力度。

（一）坚持质量至上加强用户信任

商品质量对农产品直播的重要性不言而喻，针对质量问题，直播的各利益方都应有所作为。在商品供应环节，市场监管部门与其他相关单位共同制定统一的质量标准，对线上销售产品做三方面的标准化规定，外部标准涉及产品的外观、包装、等级划分，内在标准针对产品的口感、成分含量等，生产标准是对农产品生命周期进行标准化管理。在生产方面，地方政府应该加大投入，实行标准化生产奖励机制，奖励不限于补贴、优先推广、提供渠道等方式，以此鼓励农业从业者主动生产质量达标产品，逐步完善质量管理和食品安全体系。政府还可以利用技术手段，给农产品质量溯源提供可能性，有奖就有罚，对违反标准的涉事方进行处罚，加快质量体系建设进程。

平台方应该严格把控商品准入规则，仔细审核商品质量，拒绝不合格商品上线，挖掘一批具有竞争力的优质商品，给予流量扶持与算法推荐，减少消费者获取优质商品的难度。主播在进行直播选品时，不应该只考虑经济利益，筛选质量过关的产品，切忌夸大宣传，售卖假货。只有给受众推荐真正好吃的农产品，才能形成优质内容，增加受众黏性，从而提高直播转化率。从农产品完整的生产链到销售链再到运输环节都应该把质量放在第一位，严格把控商品质量，从田间到餐桌让受众买得放心，吃得安心。

（二）打造个性化内容延续直播活力

在没有话题与热度的直播间，内容雷同无趣无异于赶客，因此提高直播内容质量，实现内容差异化、个性化表达是直播内容的改进方向。

在做农产品网络直播时，需要充分考虑受众需求，确定直播主题做好提前策划，直播场所、选品顺序、文案介绍、画面拍摄都要经过精心的设计。场地可以选择种植区或者打包场所，水产卖家还可以带领受众近距离观看鱼虾的状态，但是要保证网络的畅通，避免出现卡顿延迟的情况。主播要有直播的技巧和能力，能在镜头前展现自己的亲和力、耐心和服务心理，语言表达能力强、能够随机应变，与观众进行友好互动，避免出现不交流不说话的无效直播。直播商品如果比较少，就要丰富商品的介绍情况，包括生长状态、发货时间、快递选择等等；如果商品比较多，就要提前告诉受众顺序安排，方便购买。每个产品有不同的产地、属性，在介绍时尽可能突出自家产品的特点，可以讲关于商品的故事，或者可能会有的历史渊源，增加直播趣味性。直播的画面保持稳定清晰，保证观众看到的画面是舒服的。在“内容为王”的时代，以优质内容获取持续转化率是大势所趋，农产品直播也要紧跟时代的步伐，创造出个性化内容。

（三）培养特色主播助力电商扶贫

目前，农民主播作为农产品直播的主力军尚有不足，对其进行专业培养可以丰富主播类型，壮大农产品直播队伍。淘宝在前几年就开始与全国几百个县合作开展“村播计划”，对农业种植人员、返乡农民工、大学生进行直播带货培训，这是可以借鉴的经验。当地政府可以与电商平台联手，挑选有意愿且符合条件的农业从业者，系统学习种植知识，了解电商直播发展情况与商业逻辑，转变培训者的市场观念和营销思维。电商培训班邀请有经验的专业主播对学员进行针对性指导，通过实战练习，提升学员的直播技巧。

当地政府还可以建立电子商务基地，以政府为主导，企业积极配合，汇集地方优质资源，打造专业化的运营团队。通过政府的扶持孵化农产品直播购物平台，推动农产品“触网”上行，线上线下渠道联动发力，使农产品直播产业向着专业化、规模化发展。农民直播为农民带来了增收途径，也使一部分就业困难者重新融入社会生活，助力政府早日完成脱贫攻坚工作，所以培养农民主播很有必要。

（四）树立地方品牌促进良性发展

中国农业种植面积广阔，农产品种类众多，品牌化可以让商品更有市场竞争力。地方品牌就是商品的门面，很多地区、很多农产品缺乏品牌的背书，知名农产品可以代表地方特色，对提高地方话题度也很有帮助。要想打造成功的地方品牌，一方面需要政府的推广宣传，如广告宣传、举办农产品相关活动，将农产品与地域联系起来，让消费者知晓有这种产品的存在。传统农业要改变轻品牌重销售的思维，拥抱互联网，把直播与网络文化相结合，紧跟时代潮流，打造电商品牌。善于利用直播的热度，邀请县长或者明星网红，将他们强大的粉丝资源与流量资源转化为店铺的点击率与关注度，从而提高店铺知名度。

另外一方面需要商品质量做支撑，政府严格把控当地农产品，制定标准来衡量是否将其纳入品牌。只有通过政府质量标准检测的产品，才能被允许使用地方品牌，享受统一包装等福利。如果有不合格产品，除了除名的惩罚以外，还要求交纳一定的费用，用来激励做得好的产品。这样形成的良性循环，能快速打造出消费者信赖的地方品牌。所以，农产品直播要打造名牌商品，就要将品牌化道路贯彻到底。

例 1：2021 年 11 月 10 日据株洲日报・掌上株洲讯（记者/杨凌凌 通讯员/樊庆磊）报道：由于双“十一”临近，在天泽华丽淘宝直播示范基地，一群在校大学生化身“带货主播”，为农民“带货”卖农副产品，助力乡村振兴。

坐在镜头前，来自湖南工贸技师学院电子商务专业的 2 位学生“主播”从容不迫。平江的麻辣香干、浏阳的南瓜条、郴州的小鱼仔……在一小时的直播内，2 名大学生轮番上阵，为来自湖南各地的 10 余款特色扶农产品“代言”。

“直播间的小伙伴们注意啦！大家看我手中大辣片，它是来自岳阳平江，纯手工制作，鲜香麻辣、入口油而不腻……”直播间内外热闹非凡，团队成员之间相互配合，打光的打光，打 call 的打 call，努力给观众带来一个完美的直播体验。

据统计，昨日的直播超 2 000 人在线观看，总销售额达 5 000 元。虽然没有上万的流量，但大学生带货直播，为乡村振兴注入了青春力量。对于推动湖南农副产业发展，加快乡村振兴步伐具有创造性的积极意义。

在校大学生“试水”直播带货，是由省商务厅、省教育厅、省乡村振兴局等单位联合主办的2021年消费帮扶营销大赛的重要成果。作为创新助力乡村振兴的新业态，从10月至12月，湖南工业大学、湖南农业大学、湖南有色金属职业技术学校、永州师范高等专科学校等8所高校的在校学生将通过多场次的“淘宝直播”，助销湖南农产品。

例2：连日来，四川省眉山天府新区龙岩村的果园里，一场场直播正如火如荼地展开。来自四川科技职业学院的36名学生化身“带货”主播，通过短视频直播平台，宣传推荐“爱媛”果冻橙。截至11月11日，经过五天的努力，大学生主播们已卖出4 000余公斤橙子。

截至11日24时，四川共有1个高风险地区，12个中风险地区。受疫情和交通的影响，眉山天府新区部分地区的“爱媛”果冻橙面临销售压力。了解到这一情况后，四川科技职业学院乡村振兴学院联合眉山天府新区乡村振兴促进会，启动了“我为乡村振兴贡献青春力量”首届大学生乡村振兴直播活动，用年轻人喜爱的方式“带农货”。

“往年我们果场的果冻橙成熟之后，主要靠线下销售。今年由于疫情的原因，线下销售的渠道一直不太顺畅，增加了我们的销售难度。”四川仁寿县贵平镇龙岩村果农夏光华说，自从大学生来自家果园线上直播带货之后，每天都能收到五六百份订单，缓解了果园销售压力。

据了解，为更好地实现“线上直播助果农”的预期效果，直播团队制定出“线上宣传+直播带货”的行动方案。直播前对果园进行了实地调研和拍摄，并通过微信朋友圈、QQ空间、抖音等平台进行直播预热。在推广橙子的同时，又为“直播带货”积累了人气。直播过程中，同学们采用“校内+果园”双现场直播的形式进行直播，学校则安排专人专车，负责接送学生。

“我们举办这次直播活动，一方面是为助力果农切实解决农产品线上销售问题，另一方面也是为川科学生积极投身社会实践提供机会，把论文书写在大地上，将青春绽放在田间地头，肩负青年大学生新时代的使命担当，以如火青春助力乡村振兴。”四川科技职业学院副校长兼乡村振兴学院院长包国容告诉记者。

“这是一次非常有意义的尝试，既让我增长了知识，锻炼了实操能力，掌握了直播带货这一新媒体营销方式，还能够为乡村振兴贡献自己的力量，真是受益良多。”四川科技职业学院幼儿师范学院学生刘婷感叹。

[1] 柏承能．从零开始学直播营销与运营［M］．北京：清华大学出版社，2020.

[2] 陈浩作．电商直播营销原理与方法［M］．北京：中国广播影视出版社，2021.

[3] 陈继莹．直播营销［M］．长沙：中南大学出版社，2020.

[4] 程明，杨娟．实时在场，深度卷入，构建认同——论网络直播中的直播营销［J］．广告大观（理论版），2017（3）：42-47.

[5] 郑学法，李智楠．互联网营销师实务 3 直播营销运营实战［M］．福州：福建美术出版社，2021.

[6] 高长利，李伟东，郭春光，著．直播营销互联网经济营销新思路［M］．广州：广东经济出版社，2017.

[7] 龚铂洋．直播营销的场景革命［M］．北京：清华大学出版社，2016.

[8] 勾俊伟，张向南，刘勇．直播营销［M］．北京：人民邮电出版社，2017.

[9] 骏君，李剑豪．直播营销高效打造日销百万的直播间［M］．北京：中华工商联合出版社，2021.

[10] 孔林德．直播营销一本通淘宝天猫京东拼多多抖音快手［M］．北

京：民主与建设出版社，2021.

[11] 李鑫声．直播营销［M］．石家庄：花山文艺出版社，2020.

[12] 梁欣萌．直播营销的价值思考［J］．国际公关，2016（5）：60-65.

[13] 梁艳春，郑学法．直播营销应用基础［M］．福州：福建美术出版社，2021.

[14] 刘兵．直播营销重新定义营销新路径［M］．广州：广东人民出版社，2018.

[15] 马彦威，吴新星．直播营销高手三十六计［M］．北京：中国农业出版社，2020.

[16] 宋江龙．直播移动互联时代营销新玩法［M］．北京：中国经济出版社，2018.

[17] 宋江龙．“直播+互联网”精彩的成长蜕变［M］．北京：中国经济出版社，2018.

[18] 唐观友，阙语莹．直播营销［M］．北京：中国商业出版社，2020.

[19] 王晓明，陈华．数字直播营销［M］．北京：北京理工大学出版社，2021.

[20] 吴娜，宁昌会，龚潇潇．直播营销中沟通风格相似性对购买意愿的作用机制研究［J］．外国经济与管理，2020，42（8）：81-95.

[21] 武晶晶，刘奇锋．直播营销［M］．2 版．北京：航空工业出版社，2021.

[22] 席大宏．网络直播营销［M］．郑州：黄河水利出版社，2020.

[23] 肖明超．直播营销：新的品牌存在方式［J］．销售与市场，2016（17）：76-77.

[24] 熊猫鲸．直播营销革命 3.0［M］．北京：应急管理出版社，2020.

[25] 徐骏骅，陈郁青，宋文正．直播营销与运营微课版［M］．北京：人民邮电出版社，2021.

[26] 徐鹏举．引爆流量直播营销战略、打发与技巧［M］．北京：中国宇航出版社，2017.

[27] 尹宏伟．直播营销［M］．北京：机械工业出版社，2019.

[28] 尹崳．“互联网+”背景下旅游目的地的旅游直播营销研究［J］．经贸实践，2017（17）：129-129.

[29] 张克夫，李丽娜，马国红．直播营销［M］．上海：同济大学出版社，2020.

[30] 甄英鹏，叶萌，孙燕，等．互联网销售直播营销的管理法则［M］．北京：企业管理出版社，2021.

[31] 朱洲，圣瑜，廖艳琼．电商直播营销实务［M］．长沙：湖南科学技术出版社，2021.